新时代中国乡村振兴战略丛书

主编：顾保国　崔友平

共同富裕之路

巩固和完善农村基本经营制度

崔友平◎编著

中原农民出版社　红旗出版社

图书在版编目（CIP）数据

共同富裕之路：巩固和完善农村基本经营制度 / 顾保国，崔友平主编；崔友平编著 . -- 郑州：中原农民出版社；北京：红旗出版社，2019.11
（新时代中国乡村振兴战略丛书）
ISBN 978-7-5542-2127-3

Ⅰ . ①共… Ⅱ . ①顾… ②崔… Ⅲ . ①农村经济－经济制度－研究－中国 Ⅳ . ① F321
中国版本图书馆 CIP 数据核字（2019）第 245191 号

共同富裕之路：巩固和完善农村基本经营制度

总 策 划	刘宏伟　朱文平
策划编辑	朱相师　丁　璞
责任编辑	肖攀锋
责任校对	张晓冰
装帧设计	张　敏

出　　版	中原农民出版社　红旗出版社		
发　　行	北京华景时代文化传媒有限公司		
地　　址	郑州市郑东新区祥盛街27号	邮　编	450016
发行单位	全国新华书店	电　话	0371-65788655
承印单位	北京中科印刷有限公司	电　话	0371-65751257

开　　本	690mm × 980mm　1/16		
印　　张	14		
字　　数	166千字		
版　　次	2019年12月第1版	印　次	2019年12月第1次印刷

书　　号	ISBN 978-7-5542-2127-3	定　价	48.00元

总序

实现中华民族伟大复兴的题中应有之义

党的十九大提出实施乡村振兴战略，是以习近平同志为核心的党中央着眼党和国家事业全局，深刻把握现代化建设规律和城乡关系变化特征，顺应亿万农民对美好生活的向往，对“三农”工作作出的重大决策部署，是决胜全面建成小康社会、全面建设社会主义现代化强国的重大历史任务，是新时代做好“三农”工作的总抓手。

习近平总书记在十九届中央政治局第八次集体学习时强调指出：“乡村振兴战略是党的十九大提出的一项重大战略，是关系全面建设社会主义现代化国家的全局性、历史性任务，是新时代‘三农’工作总抓手。”“农业农村现代化是实施乡村振兴战略的总目标，坚持农业农村优先发展是总方针，产业兴旺、生态宜居、乡风文明、治理有效、生活富裕是总要求，建立健全城乡融合发展体制机制和政策体系是制度保障。”这从全面建设社会主义现代化强国的高度指出了实施乡村振兴战略的重要意义和科学内涵，明确了推进农业农村现代化的思路、方向和着力点，为我们牢牢把握农业农村现代化这个总目标、准确理解农业农村现代化的时代要求提供了根本遵循和行动指南。同时，按照全面建成小康社会和“两个一百年”奋斗目标的战略规划，中共中央、国务院印发了《乡村振兴战略规划（2018—2022年）》，对乡村振兴战略的实施给予具体指导。乡村振兴战略要求高、时间紧、任务重，迫切需要地方各级党委和政府以时不我待、只争朝夕的精神，以真抓实干、力求实效的作风，推动乡村振兴战略取得切实有效进展。

在推进乡村振兴战略中，发挥省市县乡村五级书记以及乡村振兴其他管理干部的作用尤为关键，他们迫切需要对乡村振兴战略的重大理论和实践问题进行全面学习。为此，我们专门组织编写了“新时代中国乡村振兴战略丛书”，以问题为导向，深层次、全方位地阐发乡村振兴战略的实施原则、实施模式、实现路径，希望为省市县乡村管理干部提供政策分析、管理方法、实施方案等内容，推动各级管理干部能够以更坚定的自信、更丰富的知识、更饱满的精神、更踏实的作风、更有效的举措，扎扎实实在乡村振兴战略中作出新的更大贡献。

“新时代中国乡村振兴战略丛书”涵盖了与乡村振兴相关的产业振兴、人才振兴、文化振兴、生态振兴、组织振兴，同时又涵盖了具体实施举措中的七方面内在要求，包括重塑城乡关系、巩固和完善农村基本经营制度、深化农业供给侧结构性改革、坚持人与自然和谐共生、传承发展提升农耕文明、创新乡村治理体系、打好精准脱贫攻坚战。本套丛书共12册，主要内容有：

一、《产业振兴——绿色安全、优质高效的乡村产业体系建设》

产业振兴是乡村振兴的物质基础。产业兴，则经济兴、农村兴。本书分析指出，乡村产业振兴，就是要形成绿色安全、优质高效的乡村产业体系，为农民持续增收提供坚实的产业支撑；要坚守耕地红线，严格划定和永久保护基本农田，建立完善农业生态补偿制度，始终绷紧国家粮食安全这根弦；要实施质量兴农、绿色兴农、品牌兴农战略，大力发展现代高效绿色农业，加快转变农业生产方式，提高农业供给体系的质量和效益，全面推进农业农村现代化；要充分挖掘和拓展农业的多维功能，促进农业产业链条延伸以及农业与工业、现代物流、文化创意、旅游观光、电商的深度融合，推动农村一二三产业融合发展。

二、《人才振兴——构建满足乡村振兴需要的人才体系》

人才振兴是乡村振兴的关键因素。实现乡村全面振兴，人是最关键、最活跃、起决定性作用的因素。乡村人才振兴的关键，就是要让更多人才愿意来、留得住、干得好、能出彩。本书分析指出，要创造有利于各类人才成长和发挥作用的良好环境，要有一个良好的制度安排，把现有农村各类人才稳定好、利用好，充分发挥现有人才的作用；要积极创造条件，鼓励城市企业家、高校毕业生和各类人才到乡村创新创业，大力支持“城归”群体和外出农民工回乡创业就业；整合社会力量开展农村人才培养，切实做好农村干部、农民企业家、新型农业经营主体和农民的培训工作。

三、《文化振兴——夯实乡村振兴的精神基础》

文化振兴是乡村振兴的精神基础。如果文化衰败，不文明乱象滋生，乡村就难以获得持续繁荣。本书分析指出，促进乡村全面振兴，必须坚持物质文明和精神文明一起抓，以社会主义核心价值观为引领，加强村风民俗和乡村道德建设，倡导科学文明健康的生活方式，传承发展农村优秀传统文化，健全农村公共文化服务体系，培育文明乡风、良好家风、淳朴民风，促进农耕文明与现代文明有机结合，实现乡村文化振兴。同时，还强调要保护好传统村落、民族村寨、传统建筑，用心留住文化记忆，将乡村文化融入乡村规划、景观设计和村庄建设之中，充分体现村庄特色和乡土风情。

四、《生态振兴——建设新时代的美丽乡村》

生态振兴是乡村振兴的重要支撑。本书分析指出，乡村生态振兴，要实现农业农村绿色发展，打造山清水秀的田园风光，建设生态宜居的人居环境；要全面改善农村人居环境，建设功能完备、服务配套、美丽宜居的新乡村；要加强农村生态建设和环境综合治理，尤其要加大农村面源污染、垃圾污水治理力度，推进农村“厕所革命”；要实施化肥、农药使用减量行动计划，采取总量控制与强度控制相结合的办法，推动化肥、农药等使用总量和强度实现持续快速下降。

五、《组织振兴——构建新时代乡村治理体系》

组织振兴是乡村振兴的保障条件。乡村组织振兴，就是要培养造就一批坚强的农村基层党组织和优秀的农村基层党组织书记，建立更加有效、充满活力的乡村治理新机制。本书分析指出，要着力加强党在基层的领导力量，打造千千万万个坚强的农村基层党组织，培养千千万万名优秀的农村基层党组织书记；要建立符合中国国情、更加完善有效、多元共治的新型乡村治理体系；要进一步深化村民自治实践，强化信息公开和村民参与，全面推进基层民主治理和依法治理，促进治理方式和手段多元化，因地制宜探索各具特色的治理模式；要将自治、法治与德治相结合，走乡村善治之路，确保乡村社会充满活力、安定有序。

六、《城乡融合发展之路——重塑城乡关系》

重塑城乡关系，必须走城乡融合发展之路。本书分析指出，要把公共基础设施建设的重点放在农村，逐步建立健全全民覆盖、普惠共享、城乡一体的基本公共服务体系；要坚决破除体制机制弊端，疏通资本、智力、技术、管理下乡渠道，加快形成工农互促、城乡互补、全面融合、共同繁荣的新型工农城乡关系。

七、《共同富裕之路——巩固和完善农村基本经营制度》

实施乡村振兴战略，必须巩固和完善农村基本经营制度，走共同富裕之路。本书分析指出，要坚持农村土地集体所有，坚持家庭经营基础性地位，落实农村土地承包关系稳定并长久不变政策，衔接落实好第二轮土地承包到期后再延长 30 年的政策，让农民吃上长效“定心丸”。巩固的内容主要有两点，一是农村土地集体所有，二是家庭承包经营，这两点是不变的，党的十九大也已经确定了承包地延包 30 年。但是随着现代农业的快速发展，农村的基本经营制度也需要完善，规模农业、土地托管也成为一种趋势。因此，出现了土地所有权、承包权、经营权“三权分置”的情况，让农村的土地经营权可以流转、抵押、贷款等，未来的政策会进一步释放农村土地的活力。

八、《质量兴农之路——深化农业供给侧结构性改革》

实施乡村振兴战略，必须深化农业供给侧结构性改革，走质量兴农之路。本书分析指出，要顺应农业发展主要矛盾变化，深入推进农业供给侧结构性改革，加快推进农业由增产导向转向提质导向，加快实现由农业大国向农业强国转变；要推进农村一二三产业融合发展，让农村新产业新业态成为农民增收新亮点、城镇居民休憩新去处、农耕文明传承新载体。

九、《乡村绿色发展之路——坚持人与自然和谐共生》

实施乡村振兴战略，必须坚持人与自然和谐共生，走乡村绿色发展之路。本书分析指出，要以绿色发展引领生态振兴，处理好经济发展和生态环境保护的关系，守住生态红线；要统筹山水林田湖草系统治理，加强农村突出环境问题综合治理，建立市场化多元化生态补偿机制，增加农业生态产品和服务供给。

十、《乡村文化兴盛之路——传承发展提升农耕文明》

实施乡村振兴战略，要传承发展提升农耕文明，走乡村文化兴盛之路。本书分析指出，要深入挖掘、继承、创新优秀传统乡土文化，把保护传承和开发利用有机结合起来，让优秀农耕文明在新时代展现其魅力和风采。在乡村的环境上，要加大整治力度，打造宜居宜人的农村生活环境。在一二三产业融合上，利用农村特有的优势，打造生态产业，打造集循环农业、创意农业、农事体验于一体的田园综合体，打造乡村休闲旅游产业等。

十一、《乡村善治之路——创新乡村治理体系》

实施乡村振兴战略，要创新乡村治理体系，走乡村善治之路。本书分析指出，要建立健全党委领导、政府负责、社会协同、公众参与、法治保障、科技支撑的现代乡村社会治理体制，健全党组织领导的自治、法治、德治相结合的乡村治理体系；要造就一支懂农业、爱农村、爱农民的“三农”工作队伍。

十二、《中国特色减贫之路——打好精准脱贫攻坚战》

实施乡村振兴战略，要打好精准脱贫攻坚战，走中国特色减贫之路。本书分析指出，脱贫攻坚进入啃硬骨头的决战决胜阶段，要把提高脱贫质量放在首位，注重扶贫与扶志扶智相结合，瞄准贫困人口精准帮扶，聚焦深度贫困地区集中发力，激发贫困人口内生动力；扶贫强调“精准”

二字，要通过产业扶持、生态补偿、易地搬迁、发展教育、社会保障等方式，确实保障全面建成小康社会一个人都不能掉队。

以上 12 本书在内容上涵盖了实施乡村振兴战略的重大理论与实践问题。丛书的撰写会聚了国内相关领域的权威专家和学者，历时一年多的时间完成初稿，并经专家委员会论证、修改、完善，最后由中原农民出版社、红旗出版社联合审定出版。在丛书的撰写和完善过程中，我们牢牢把握丛书主要是面向省市县乡村五级书记以及乡村振兴其他管理干部、乡村振兴战略研究者等，内容力求通俗易懂。同时，以在乡村振兴战略实施过程中涌现出来的典型为基础，采用纪实文学的创作模式，构建乡村振兴战略典型模式和启示，为读者提供具有实践意义的指导。在具体的结构上，文字叙述穿插大量的结构型、模块化图文，在每一章节中设置知识链接、专家观点、典型案例、延伸阅读、深度思考等板块。可以说，这套丛书对省市县乡村五级书记和乡村振兴其他管理干部全面了解乡村振兴战略具有很好的学习参考价值。

在丛书即将出版之际，作为党刊理论工作者，我深深地为中华民族实现从站起来到富起来再到强起来的伟大飞跃而倍感自豪；深深地为中国共产党人不忘初心、牢记使命，正确处理工农关系、城乡关系而倍感骄傲；深深地为以习近平同志为核心的党中央提出实施乡村振兴战略带领亿万中国农民走向共同富裕而倍感荣光。作为丛书主编，我对参与本书策划、撰稿、出版的各位专家领导表示深深的感谢，感谢他们为实施乡村振兴战略贡献智慧和力量。同时，由于时间紧张，对实施乡村振兴战略的理论问题研究还有待进一步深入，案例还有待进一步总结凝练，也请各位读者多多包涵。我们将在今后继续努力，力求为实施乡村振兴战略推出更多有实践指导价值的研究成果。

习近平总书记指出，“中国要强，农业必须强；中国要美，农村必须美；中国要富，农民必须富”，“没有农业农村现代化，就没有整个国家现代化”，“把乡村振兴战略作为新时代‘三农’工作总抓手”。全面建成小康社会、建设社会主义现代化强国，一步也不能离开乡村振兴。没有乡村振兴，就没有中华民族的伟大复兴。让我们一同携起手来，为实现中华民族伟大复兴而全面推进乡村振兴！

红旗文稿杂志社社长　顾保国

2019 年 8 月

目　录

第三章
巩固和完善农村基本经营制度

第四章
创新农村双层经营体制

第五章
积极拓宽农民就业渠道，增加农民收入

第六章
选好共同富裕带头人

第七章
完善农业支持保护制度

第八章 走城乡融合发展之路

第九章 实现城乡基本公共服务均等化

前 言

共同富裕是中国共产党人与生俱来、坚定不移的目标以及全国人民的共同愿望和追求。经过几代领导人带领全国各族人民的实践和探索，共同富裕的目标越来越清晰，共同富裕的道路越走越宽广。

中国特色社会主义社会是以生产资料公有制为基础的社会，劳动人民用共同占有的生产资料进行联合劳动，创造的社会财富归劳动人民共同占有和支配，并按照劳动人民的共同利益来使用和分配。因此，随着社会生产的发展和物质财富的不断增多，其结果必然是劳动人民的共同富裕。

社会主义不仅要求最终达到共同富裕的目的，而且为实现这一目的提供了可能。首先，社会主义革命的胜利，以社会主义公有制代替资本主义私有制，使社会生产力获得巨大的解放。随之，社会主义自身不断自我完善和发展，通过改革而建立起具有生机和活力的社会主义市场经济体制，又进一步解放了生产力。通过两次“革命”，极大地解放了生产力，实现了生产力的巨大发展，劳动人民逐步走上共同富裕的道路。其次，社会主义公有制代替资本主义私有制，实行了按劳分配原则，劳动人民平等地共同占有生产资料，从而为实现劳动者的共同富裕创造了前提。

我国是一个经济发展不平衡不充分的大国，实现共同富裕不可能一蹴而就，同步达到，因此允许和鼓励一部分地区、一部分企业和一部分人依靠辛勤的劳动与合法经营先富起来，并提倡先富帮助和带动后富。共同富裕不等于完全平均和同步富裕，否则必然导致共同贫穷。一部分人先富起来而产生的富裕程度不同的差别，是全体社会成员在共同富裕的道路上有先有后、有快有慢的差别，而不是少数人变成剥削者，大多数人陷于贫穷的两极分化。

中国特色社会主义进入新时代，更加坚定地走中国特色共同富裕之路。习近平总书记指出："消除贫困、改善民生、逐步实现共同富裕，是社会主义的本质要求，是我们党的重要使命。""广大人民群众共享改革发展成果，是社会主义的本质要求，是我们党坚持全心全意为人民服务根本宗旨的重要体现。我们追求的发展是造福人民的发展，我们追求的富裕是全体人民共同富裕。"党的十九大报告提出，到 2035 年"人民生活更为宽裕，中等收入群体比例明显提高，城乡区域发展差距和居民生活水平差距显著缩小，基本公共服务均等化基本实现，全体人民共同富裕迈出坚实步伐"；到 2050 年"全体人民共同富裕基本实现，我国人民将享有更加幸福安康的生活"。

我国要实现共同富裕，是全体人民共同富裕，离不开农民贫困的摆脱，离不开广大农村的振兴。而农村走共同富裕之路，有赖于农村土地集体所有制。习近平总书记强调："坚持农村土地农民集体所有，这是坚持农村基本经营制度的'魂'。"同时，要坚持和完善农村基本经营制度——家庭联产承包责任制，以解决农民的生产积极性问题。当然，随着社会的发展，要完善承包地的“三权分置”制度；创新农村双层经营体制；拓宽农民就业渠道，增加农民收入；选好共同富裕带头人；完善农业支持保护制度；走城乡融合发展之路；实现城乡基本公共服务均等化；等等。我们相信，只要我们按照已经开辟的中国特色社会主义道路坚定不移地走下去，共同富裕的梦想就一定能够实现。

崔友平

2019 年 11 月

第一章

共同富裕——社会主义的本质要求

马克思关于未来社会的科学判断，从理论上有力地证明了共同富裕是人类社会发展的历史趋势，是共产主义社会的必然选择；他还对实现共同富裕的不同阶段进行了深入的思考和论述，对我们探索实现共同富裕的道路具有重要的启示意义。邓小平同志关于共同富裕的论述深刻而全面，对引领社会主义改革开放和中国特色社会主义道路的探索发挥了举足轻重的作用。进入新时代，习近平总书记从改革战略、发展理念、任务目标上进一步深化和丰富了共同富裕理论，使共同富裕的目标更明确，共同富裕道路的实现更加有保障。

一、怎样理解共同富裕

我们党始终带领人民为创造美好生活、实现共同富裕而不懈奋斗。毛泽东同志在新中国成立之初就提出了我国发展富强的目标，指出“这个富，是共同的富，这个强，是共同的强，大家都有份”。邓小平同志多次强调共同富裕，指出“社会主义不是少数人富起来、大多数人穷，不是那个样子。社会主义最大的优越性就是共同富裕，这是体现社会主义本质的一个东西”。进入新时代，我们走上了创造美好生活、逐步实现全体人民共同富裕的新征程。实现全体人民共同富裕的目标需要一个很长的历史过程，是由一个一个阶段性目标逐步达成的。我国正处于并将长期处于社会主义初级阶段，我们不能做超越阶段的事情，但也不是说在逐步实现共同富裕方面就无所作为，而是要根据现有条件把能做的事情尽量做起来，积小胜为大胜，不断朝着全体人民共同富裕的目标前进。

（一）共同富裕的含义

共同富裕属于经济学领域的概念，应该用经济学方面的知识来定义。富就是表示占有财产多，富裕表示拥有的金钱、物资、房屋、土地等数量多。相反，贫困就是拥有的金钱、物资、房屋、土地等数量少。共同富裕是社会主义的本质规定和奋斗目标。什么是共同富裕？共同富裕就是让社会全体成员都过上富足、美好的生活。从生产力和生产关系的结合上可以赋予共同富裕以科学的内涵，“富裕”反映了社会对财富的拥有，是社会生产力发展水平的集中体现；“共同”则反映了社会成员对财富的占有方式，是社会生产关系性质的集中体现。共同富裕包含着生产力与生产关系两方面的特质，从质的规定性上确定了共同富裕的社会理想地位，使之成为社会主义的本质规定和奋斗目标。

（二）共同富裕是人民大众最终达到富裕

共同富裕是人民大众最终达到富裕，共同富裕是允许一部分人和地区通过诚实劳动、合法经营先富起来，然后通过先富帮后富及先富者的示范效应，带动越来越多的人和地区走向富裕。所以，共同富裕的目的是全体人民通过辛勤劳动和相互帮助最终达到丰衣足食的生活水平，也就是消除两极分化和贫穷基础上的普遍富裕。

（三）共同富裕是一个过程

共同富裕是一个渐进的过程，那些声称“共同富裕就是同步富裕、就是绝对平均主义”的说法是错误而片面的。“共同富裕”显然不是“平均主义”的代名词，“共同富裕”也显然不同于“同步富裕”。

知识链接

共享发展

共享发展注重的是解决社会公平正义问题。“治天下也，必先公，公则天下平矣。”让广大人民群众共享改革发展成果，是社会主义的本质要求，是社会主义制度优越性的集中体现，是我们党坚持全心全意为人民服务根本宗旨的重要体现。这方面问题解决好了，全体人民推动发展的积极性、主动性、创造性就能充分调动起来，国家发展也才能具有最深厚的伟力。我国经济发展的“蛋糕”不断做大，但分配不公问题比较突出，收入差距、城乡区域公共服务水平差距较大。在共享改革发展成果上，无论是实际情况还是制度设计，都还有不完善的地方。为此，我们必须坚持发展为了人民、发展依靠人民、发展成果由人民共享，作出更有效的制度安排，使全体人民朝着共同富裕方向稳步前进，绝不能出现“富者累巨万，而贫者食糟糠”的现象。

——习近平:《在党的十八届五中全会第二次全体会议上的讲话》(2015 年 10 月 29 日)

从物质富裕走向物质、精神共同富裕是实现共同富裕的精髓。习近平共同富裕理论是对先富带动后富的进一步阐发，坚持物质富裕和精神富裕有机统一的辩证思维在新时代被赋予了全新的含义。实现物质富裕和精神富裕的有机统一体现了习近平共同富裕理论的辩证思维。新时代是决胜全面建成小康社会、建设社会主义现代化强国的时代，新时代的人民群众对发展有更高的要求，坚持物质富裕和精神富裕的统一是新时代人民对美好生活的需要。中国共产党是始终代表最广大人民的根本利益的政党，人民对美好生活的向往是新时代的奋斗目标，在满足人民物质需要的基础上实现精神富裕，是新时代实现共同富裕的新要求。

二、马克思关于共同富裕的理论探索

共同富裕，是马克思主义的一个基本目标。按照马克思、恩格斯的构想，共产主义社会将彻底消除阶级之间、城乡之间、脑力劳动和体力劳动之间的对立和差别，实行各尽所能、按需分配，真正实现社会共享、实现每个人自由而全面的发展。到那时，“生产将以所有的人富裕为目的”，“所有人共同享受大家创造出来的福利”。实现共同富裕，反映了社会主义的本质要求，体现了以人民为中心的根本立场。

（一）共同富裕是人类社会发展的历史趋势

马克思对社会历史发展规律的探讨证明共同富裕是人类社会发展的历史趋势。“共同富裕”是人类孜孜以求的理想社会状态。在西方国家，17 世纪初康帕内拉的《太阳城》就描绘了一个没有剥削、没有私有财产、人人劳动、产品按需分配的理想社会图景。中国古代关于大同社会的描述，也是对这样一种理想社会的憧憬。然而，无论是“太阳城”还是“大同社会”，更多的是从情感上表达人们对当时社会的不满，以及对未来社会的美好愿景。马克思立足社会物质生产实践的现实基础，运用唯物史观科学的分析方法，探讨了人类社会发展的历史规律，从而揭示出共同富裕是人类社会发展的历史趋势。人类社会是一个从低级阶段到高级阶段发展的过程，资本主义社会是最后一个阶级社会，也是最后一个对抗性社会。“代替那存在着阶级和阶级对立的资产阶级旧社会的，将是这样一个联合体，在那里，每个人的自由发展是一切人的自由发展的条件。”[1] 马克思所说的“自由人联合体”的社会具有共产主义社会的特征。他认为共产主义社会是现实的运动，也是人类社会发展的必然王国。共产主义社会是人的自由全面发展的社会，也是生产资料集体所有，实现按需分配的共同富裕社会。

（二）共同富裕是未来社会的必然选择

马克思对资本主义社会的批判，阐明了共同富裕是未来社会的必然选择。在《资本论》及《经济学手稿（1857—1858）》中，马克思系统地揭示了资本主义生产方式的内在矛盾及历史发展趋势，进而表明共同富裕是未来社会的必然选择。以雇佣劳动为基础的资本主义生产方式支配着资本主义社会运行的内在机制。资本通过对工人活劳动的剥削，不断实现剩余价值的生产和积累。在生产过程中资本与雇佣劳动相结合实现剩余价值的生产；在流通过程中商品与货币相交换产生剩余价值，从而资本主义追求剩余价值的绝对规律和资本积累的一般规律在生产过程与流通过程相统一的总过程中不断运演和实现。这两大规律是资本主义社会的基本规律，它们表明资本主义社会本质上是不平等的社会，是分配不公的社会，是剥削和压迫的社会，由此注定了资本主义必然被推翻的历史命运，共产主义取代资本主义是社会发展的必然规律，这种必然性建立在以共同富裕为原则和目标的基础上。

（三）实现共同富裕的历史渐进性

马克思关于未来社会的分析，阐明了实现共同富裕的阶段性特征，

---

① 中共中央马克思恩格斯列宁斯大林著作编译局编译：《马克思恩格斯文集》第二卷，人民出版社 2009 年版，第 53 页。

“深刻地揭示了实现共同富裕的历史渐进性，从而揭示了从阶级分化到共同富裕的过渡性”。马克思首先区分了共产主义社会两个不同的发展阶段：共产主义第一阶段（也就是列宁所说的社会主义社会阶段），以及共产主义社会高级阶段。就共产主义第一阶段按劳分配的原则而言，马克思认为所遵循的是“等量劳动互换”原则，这种原则仍然是资产阶级权力，带有资产阶级社会平等权利的特征：从形式上来看它是平等的，都以同一尺度“劳动”来计量，但就它的内容来讲，是不平等的，因为每个劳动者具有不同的个人天赋、不同的工作能力以及不同的家庭环境等。这种特征是由社会的生产力水平所决定的，因而对于社会主义社会来说是不可避免的。就共产主义高级阶段的分配原则而言，马克思指出了在共产主义社会高级阶段，“只有在那个时候，才能完全超出资产阶级权利的狭隘眼界，社会才能在自己的旗帜上协商：各尽所能，按需分配”①。“在一个集体的、以生产资料公有为基础的社会中，生产者不交换自己的产品；用在产品上的劳动，\ 在这里也不表现为这些产品的价值，不表现为这些产品所具有的某种物的属性，因为这时，同资本主义社会相反，个人的劳动不再经过迂回曲折的道路，而是直接作为总劳动的组成部分存在着。于是，‘劳动所得’这个由于含义模糊就是现在也不能接受的用语，便失去了任何意义。”② 这就是说，共产主义高级阶段，随着物质财富的不断丰富，将能够满足每个人的需要，按劳分配也就不存在了，取而代之的是按需分配。概而言之，马克思关于未来社会的科学判断，从理论上有力地证明了共同富裕是未来社会的必然选择，也是未来社会

① 中共中央马克思恩格斯列宁斯大林著作编译局编译：《马克思恩格斯文集》第三卷，人民出版社 2009 年版，第 436 页。
② 中共中央马克思恩格斯列宁斯大林著作编译局编译：《马克思恩格斯文集》第三卷，人民出版社 2009 年版，第 433—434 页。

的基本原则。马克思关于共产主义不同阶段具体分配原则的论述，反映了他对实现共同富裕历史过程性和阶段性的思考，对我们探索实现共同富裕的道路具有重要的启示意义。

知识链接

以人民为中心的发展思想

以人民为中心的发展思想，不是一个抽象的、玄奥的概念，不能只停留在口头上、止步于思想环节，而要体现在经济社会发展各个环节。要坚持人民主体地位，顺应人民群众对美好生活的向往，不断实现好、维护好、发展好最广大人民根本利益，做到发展为了人民、发展依靠人民、发展成果由人民共享。要通过深化改革、创新驱动，提高经济发展质量和效益，生产出更多更好的物质精神产品，不断满足人民日益增长的物质文化需要。要全面调动人的积极性、主动性、创造性，为各行业各方面的劳动者、企业家、创新人才、各级干部创造发挥作用的舞台和环境。要坚持社会主义基本经济制度和分配制度，调整收入分配格局，完善以税收、社会保障、转移支付等为主要手段的再分配调节机制，维护社会公平正义，解决好收入差距问题，使发展成果更多更公平惠及全体人民。

——习近平:《在省部级主要领导干部学习贯彻党的十八届五中全会精神专题研讨班上的讲话》(2016年1月18日)

人民群众是实现共同富裕的主体。中国特色社会主义进入新时代，我国取得了改革开放和社会主义现代化建设的历史性成就，人民日益增长的美好生活需要与不平衡不充分的发展之间的矛盾日益突出，必须坚持以人民为中心的发展思想，让改革发展成果更多更公平惠及全体人民，不断促进人的全面发展、全体人民共同富裕。新时代，我们党坚持实现“一个都不能少”的共同富裕，其依靠力量是人民群众，并强调要“坚持以人民为中心”，人民群众关心什么问题，我们就要解决什么问题，人民群众新增什么需求，我们就要满足什么需求。党的十八大以来，以习近平同志为核心的党中央审时度势，对新时代下共同富裕的基本方略和坚定目标作出进一步的指示，丰富和明确了共同富裕的思想内涵、精神实质和根本要求。

三、邓小平关于共同富裕的经典论述

邓小平同志关于共同富裕的论述深刻而全面，将经典作家的共同富裕思想实现了时空的转换以及理论和现实的对接，从而运用于对社会主义本质的认识中，是对马克思共同富裕思想的丰富和发展。

（一）共同富裕建立在生产发展的基础上

邓小平同志把社会主义的本质概括为“解放生产力，发展生产力，消灭剥削，消除两极分化，最终达到共同富裕”[①]。其中发展生产力是手段、是前提，共同富裕是最终目的。共同富裕的实现前提是：解放和发展生产力，为实现共同富裕创造雄厚的物质基础。

（二）共同富裕是社会主义必须坚持的基本原则

邓小平同志指出：“社会主义的目的就是要全国人民共同富裕，不是

① 邓小平：《邓小平文选》第三卷，人民出版社 1993 年版，第 373 页。

两极分化。如果我们的政策导致两极分化，我们就失败了；如果产生了什么新的资产阶级，那我们就真是走了邪路了。我们提倡一部分地区先富裕起来，是为了激励和带动其他地区也富裕起来，并且使先富裕起来的地区帮助落后的地区更好地发展。”“一个公有制占主体，一个共同富裕，这是我们所必须坚持的社会主义的根本原则。我们就是要坚决执行和实现这些社会主义的原则。从长远说，最终是过渡到共产主义。”[①] 坚持社会主义，防止两极分化，为实现共同富裕提供牢固的政治保障。

（三）实现共同富裕是一个动态的过程

邓小平同志在谈到共同富裕时多次强调“逐步”实现共同富裕，这里“逐步”包括两层含义：一是从社会历史发展纵向看，实现共同富裕是一个客观的物质积累过程，需要分步骤有秩序地进行。二是从某一历史发展阶段的横向看，允许一部分人和地区通过诚实劳动、合法经营先富起来，然后帮助和带动更多乃至全国各族人民富裕起来。允许和鼓励一部分人先富起来，是实现全国各族人民共同富裕的手段。由此可见，共同富裕的实现是一个动态的、非同时富裕的过程。这个先富带后富、实现共同富裕的战略构想，是邓小平同志在新的历史时期的创新，丰富了共同富裕的思想内涵。

邓小平同志逐步实现共同富裕的思想源于我国生产力总体落后、发展又极不平衡这一基本国情。所以实现共同富裕必然是一个长期的、渐进的历史过程，并且它不等于同步富裕和同等富裕，与同步富裕之间有着根本的区别。从逐步富裕的方法上来看，它主要包括以下几个方面。

一是在区域经济发展上，要实行非均衡与均衡相结合的发展战略，

① 邓小平：《邓小平文选》第三卷，人民出版社 1993 年版，第 110—111 页。

通过积极的非均衡促进相对的均衡，一方面，鼓励一切有条件的地区发展得更快一些，在全面建设小康社会的基础上，争取率先基本实现现代化，为加快全国的全面建设小康社会进程作出更大的贡献；另一方面，要大力帮助欠发达地区特别是西部地区加快发展。

二是在个人收入分配方面，确立劳动、资本、技术和管理等生产要素按贡献参与分配的原则，坚持效率优先、兼顾公平。初次分配应注重效率，即充分发挥市场的作用，鼓励一部分人通过诚实劳动、合法经营先富起来，反对平均主义；再次分配应注重公平，即加强政府对收入分配的调节职能，调节差距过大的收入。

三是在处理不同行业、不同群体的收入上，要进一步规范分配秩序，合理调节少数垄断性行业的过高收入，取缔非法收入，以共同富裕为目标，扩大中等收入者比重，提高低收入者的收入水平。

共同富裕是从低层次到高层次的过程富裕。把共同富裕界定为社会主义的本质要求和根本目标时，并不意味着将来有一天实现了共同富裕，人类就不再前进、社会就至此停滞了。共同富裕是对社会主义公平和理想的一种形象概括。共同富裕并不是一个固定不变的模式，而是随着生产力的发展不断充实新内容的动态过程，是一个从贫穷到富裕再到高层次富裕的过程。

邓小平同志关于共同富裕的阐述，体现了一般与特殊相统一，原则性与灵活性相结合，对引领社会主义改革开放和中国特色社会主义道路的探索发挥了举足轻重的作用。共同富裕是普遍富裕，但这种普遍富裕不是靠现有财富的平均分配来实现的。共同富裕不可能是同时、同步、同等富裕。邓小平同志指出："我们坚持社会主义道路，根本目标是实现共同富裕，然而平均发展是不可能的。过去搞平均主义，吃'大锅饭'，实际上是共同落后，共同贫穷，我们就是吃了这个亏。”作为一个社会公平的范畴，共同富裕不可能是全体社会成员在财富占有上的绝对平均，而是在生活普遍富裕基础上的差别富裕。也就是说社会成员因其素质的不同、对社会贡献的不同，在财富占有的多寡上也必然不一样。事实上，也只有承认富裕程度上的差别性，才能调动人民群众发展经济的积极性，才能为高层次的富裕提供示范。没有差别富裕，也就没有人民群众追求更富裕生活的积极性，就不会有全体人民高层次的普遍富裕。邓小平同志正是基于对共同富裕中所蕴含的差别富裕内涵的揭示，才勾画出先富、共富的战略构想，开辟出社会主义初级阶段中国人民走向共同富裕的基本途径。

知识链接

一个都不能少

“一个都不能少”从根本上、长远上要靠发展。发展是硬道理，没有一定的经济增长速度，难以保障就业和居民增收，难以保障民生和社会稳定，更谈不上全面建成小康社会。没有全国的总体发展，不可能实现全面小康。对于落后地区，仅靠全国发展的带动不行，还必须重点解决落后地区的内部发展。只有通过加快发展，才有可能迎头赶上，缩小与发达地区的差距。外在的拉力，还要加上内在的动力。短期内全国一盘棋的支持见效快，而从长期看，提升内在的动力最关键。

“一个都不能少”就短期而言，需要强化社会保障。贫困地区都有深刻的历史和环境原因，绝不是一时可以改变的，更不是短短5年时间可以改变的。要在预定的期限内全部达到底线标准，需要社会保障的安全网来“托底”。社会保障的范围、社会保障的水平，决定我们的底线在哪里。

（来源：陶文昭：《准确理解“一个都不能少”》，《北京日报》2015年11月2日）

共产主义是实现共同富裕的价值诉求。共同富裕不是同时富裕，共同富裕的实现具有历史发展阶段性。现阶段的生产资料所有制和分配制度与共享发展是适合我国现阶段发展需要的，是现阶段的一种发展策略，是通过全民共建和全民共享逐步实现共同富裕、最终实现共产主义的中间环节。全面建成小康社会、建设社会主义现代化强国，这是现阶段我国的发展目标，但不是最终目标，最终目标是实现共产主义，实现人的自由全面发展。只有实现共产主义，才能真正实现全体人民的共同富裕。

（四）共同富裕既是发展问题，也是分配问题

实现共同富裕关键是公平分配。邓小平同志指出：“十二亿人口怎样实现富裕，富裕起来以后财富怎样分配，这都是大问题。题目已经出来了，解决这个问题比解决发展起来的问题还困难。分配的问题大得很……要利用各种手段、各种方法、各种方案来解决这些问题。”邓小平同志一再强调要消灭贫穷，消除两极分化，实现百分之九十几以上社会成员的富裕，其要旨在于要实现普遍富裕。正如邓小平同志所说：“社会主义的特点不是穷，而是富，但这种富是人民共同富裕。”正是基于这样的判断，邓小平同志一再告诫我们：在改革开放的过程中，必须坚持公有制的主体地位，保证人民占有、使用和支配生产资料的平等权利；必

须坚持按劳分配的原则，保证人民获得财富的公平权利；必须加强宏观调控，保证人民享有共同致富的权利。

（五）共同富裕是物质生活和精神生活的全面富裕

共同富裕是以物质的共同富裕为基础的，这是共同富裕最重要的内容。然而，仅有物质生活的富裕，这种富裕与现代文明是相背离的。高度的物质文明和高度的精神文明，既是我国现代化的重要内容，也是我国共同富裕的主要内容。邓小平同志指出："要在建设高度物质文明的同时，提高全民族的科学文化水平，发展高尚的丰富多彩的文化生活，建设高度的社会主义精神文明。"[①] 他认为，只有物质生活的富裕、精神文化生活的丰富、人的自身文明素质的提高这几方面有机地结合，才能构成社会主义共同富裕的鲜明特征。

邓小平同志在谈到小康目标时，用的是"小康社会"，也就是说小康是一个涵盖经济、政治和文化的综合概念。同样，共同富裕也不单是一个物质上富裕的问题，而是一个包含物质生活在内的、体现社会成员各方面生活富裕的综合概念。也只有从这样的高度去认识共同富裕，共同富裕才称得上社会主义的本质要求和根本目标。

物质生活和精神生活的全面富裕是有一定的逻辑关系的。物质生活是人类生活的基础，也是共同富裕的基本内涵。精神生活的充实、社会生活的协调必须建立在物质生活的富裕上，如果连温饱问题都解决不了，道德、理想就难以得到切实保障。"仓廪实而知礼节，衣食足而知荣辱。"物质生活富裕了，人的追求就会向精神生活发展。邓小平同志说："物质是基础，人民的物质生活好起来，文化水平提高了，精神面貌会有大变化。"

① 邓小平：《邓小平文选》第二卷，人民出版社 1994 年版，第 208 页。

四、新时代共同富裕的新要求

习近平总书记指出，共同富裕是中国特色社会主义的根本原则，实现共同富裕是我们党的重要使命。他还强调，“我们追求的发展是造福人民的发展，我们追求的富裕是全体人民共同富裕”，要“让发展成果更多更公平惠及全体人民，不断促进人的全面发展，朝着实现全体人民共同富裕不断迈进”。经过长期艰苦奋斗，我们党在实践中形成了先富带动后富、逐步实现共同富裕的规律性认识，推动人民生活质量和社会共享水平显著提升。粮票、布票、肉票、鱼票、油票、豆腐票、副食本、工业券等百姓生活曾经离不开的票证，已经进入了历史博物馆。忍饥挨饿、缺吃少穿、生活困顿这些几千年来困扰我国人民的问题总体上一去不复返了，中国人民迎来了从温饱不足到小康富裕的伟大飞跃。[①]

知识链接

消除贫困、改善民生、逐步实现共同富裕

习近平总书记指出，消除贫困、改善民生、逐步实现共同富裕，是社会主义的本质要求，是我们党的重要使命。党的十八大以来，习近平总书记把扶贫开发作为关乎党和国家政治方向、根本制度和发展道路的大事，作为经济社会发展规划的主要内容，提出了一系列新思想、新观点、新论断和新要求。习近平总书记的扶贫开发理论，深刻阐明了新形势下我国扶贫开发的重大方略和实际问

① 中共中央宣传部：《习近平新时代中国特色社会主义思想学习纲要》，学习出版社、人民出版社 2019 年版，第 45 页。

题，充分体现了中国共产党人立党为公、执政为民的鲜明立场，是在全面建成小康社会决胜阶段打赢脱贫攻坚战的战略指引。

新时代的共同富裕，是以解放和发展社会生产力为前提，以坚持共享发展、实现公平正义为核心，以实现物质和精神的共同富裕为目标，同时强调实现共同富裕是一个历史进程，强调物质财富和精神财富由人民群众所创造、所共享。新时代共同富裕理论，在实践的基础上不断丰富，是习近平新时代中国特色社会主义思想的重要组成部分，是在社会主要矛盾转化的背景下为解决现实的发展难题提出的理论创新。习近平总书记指出，新时代中国特色社会主义思想“必须坚持以人民为中心的发展思想，不断促进人的全面发展、全体人民共同富裕”。党的十九届四中全会强调，我国国家制度和国家治理体系具有多方面的显著优势，明确指出了“坚持以人民为中心的发展思想，不断保障和改善民生、增进人民福祉，走共同富裕道路的显著优势”。

（一）新时代共同富裕的理论发展和实践基础

新时代我国发展中存在的问题归根结底是生产力的问题，主要体现在两个方面：一是生产力发展与公平正义分配的矛盾。我国经济实力跃上新台阶，生产力水平显著提高，这是新时代的显著标志，与此同时，我国“脱贫攻坚任务艰巨，农业基础仍然薄弱，城乡区域发展和收入分配差距依然较大”。这是在发展中必须解决的现实问题。二是生产力发展速度与质量不协调的矛盾。发展的不平衡不充分问题是新时代社会主要矛盾的主要方面，这是新时代必须解决的突出问题。从决胜全面建成小康社会的需要出发，新时代我国经济须由高速度增长向高质量发展转变。

发展质量和效益跟不上发展的速度，导致发展速度与发展质量不协调，我国诸多问题都是由这一矛盾引起的。此外，物质富裕与精神富裕不协调的矛盾也是新时代我国发展过程中的重要问题。

新时代共同富裕理论的源泉。新时代共同富裕理论是对马克思主义的继承和发展。马克思指出，在未来社会主义社会，“生产将以所有人富裕为目的”。这是新时代共同富裕理论的历史源头。恩格斯说：“通过社会生产，不仅可能保证一切社会成员有富足的和一天比一天充裕的物质生活，而且还可能保证他们的体力和智力得到充分的自由的发展和运用。”这样的生产是社会主义的产物。社会主义社会坚持公平正义的生产和分配制度，将劳动成果最大限度地分配给最广大人民群众享有，让所有劳动者过上美好幸福的生活，这是共富价值观的根本体现。毛泽东同志指出：“现在我们实行这么一种制度……是可以一年一年走向更富更强的……而这个富，是共同的富，这个强，是共同的强。”[①] 邓小平同志将共同富裕提高到社会主义本质的高度，他指出：“社会主义的本质，是解放生产力，发展生产力，消灭剥削，消除两极分化，最终达到共同富裕。”[②] 共同富裕作为社会主义的本质特征，与其手段、形式区分开来，阐明了共同富裕这一崇高目标与其实现过程的延续连接。中国特色社会主义进入新时代，习近平总书记多次强调共享发展理念，坚持社会公平正义，这是新时代共同富裕理论的核心内容。在党的十九大报告中，习近平总书记指出，新时代是“全国各族人民团结奋斗、不断创造美好生活、逐步实现全体人民共同富裕的时代”。

新时代共同富裕理论的实践基础。新时代共同富裕理论植根于中国特色社会主义的伟大实践。全面建设社会主义现代化强国的实践及其丰

---

① 中共中央文献研究室：《毛泽东文集》第六卷，人民出版社 1999 年版，第 495 页。
② 邓小平：《邓小平文选》第三卷，人民出版社 1993 年版，第 373 页。

硕成果，为新时代共同富裕理论奠定了坚实的基础。其一，我国生产力水平显著提高，是实现共同富裕的经济前提。我国迎来从站起来、富起来到强起来的伟大飞跃，完全可以在新时代共同富裕理论的指导下进行公平正义的分配，从而实现共同富裕的崇高目标。现阶段，实现共同富裕已经不是不可能的事情，而是做不做得好的问题。其二，我国现行的生产资料所有制蕴含着中国道路、中国逻辑，是实现共同富裕的制度保障。始终强调生产资料公有制的主体地位，实现劳动者与生产资料相结合，与资本主义生产方式有根本区别。共同富裕是发展目标，公有制为主体则是发展手段。多种所有制共同发展全面激发生产活力，助力富裕程度大大提升。现行分配制度更加兼顾效率和公平，有利于扩大富裕的范围和程度。其三，精准扶贫战略大力推进、成效卓越，是实现共同富裕的现实基础。新时代共同富裕理论植根于中国特色社会主义伟大实践，以解决中国贫富差距难题、实现共同富裕为目标导向，是我们党必须坚持和践行的重要价值理念。

典型案例

风沙窝变成“金银铺”

——河南省兰考县张庄村脱贫调查

兰考县张庄村，地处九曲黄河之滨最后一道弯，是焦裕禄曾经探索治理风沙良策的地方。由于以粮谋生、资源匮乏，这里长期处于贫困状态。2014 年，全村 711 户 2963 人中，建档立卡贫困户有 207 户 754 人，贫困发生率约 25%，是远近闻名的贫困村。

2014 年 3 月 17 日，习近平总书记来到张庄村考察调研，进村入户、访贫问苦，为干部群众脱贫致富指引方向、鼓劲加油，由此推动了张庄村脱贫攻坚加力提速。5年来，张庄村的变化日新月异，已在2017年摘掉“贫困帽”。

我们来到黄河边这个小村庄，一边走一边看，一边听一边记，深刻感受了脱贫攻坚战的火热与壮观。

脱贫交出漂亮成绩单

习近平总书记到兰考县调研时，兰考县委郑重许下“三年脱贫、七年小康”的承诺。2017年兰考县整体脱贫，交出一份漂亮的成绩单。张庄村的变化，便是这份成绩单中的一个闪光点。

贫穷已成过去时。张庄一带，曾有过特别贫穷的岁月，“冬春风沙狂，夏秋水汪汪，一年辛苦半年糠，扶老携幼去逃荒”，就是当时的真实写照。改革开放使乡亲们的日子逐步好起来，但仍有部分群众没有摆脱贫困。如今在张庄，贫穷已一去不复返了。2018年，全村人均纯收入从2014年的4900元增加到11600元，村集体收入从零增长到40余万元。5年前，当习近平总书记来到贫困户闫春光家时，一家5口挤住在几十年的破土房里，锅里是剩菜剩馍。那一年，因为遭遇禽流感，闫春光好不容易四处借来1万多元办的养鸡场赔得“毛都不剩”。后来，借助扶贫政策，闫春光重新建起养鸡场，他用心学技术、逐步上规模，2018年养鸡上万只，纯收入达到30万元。像闫春光这样收入大增的贫困户，还有好多。村民们无不感叹：张庄变成了“康庄”，“风沙窝”变成了“金银铺”！

乡村面貌年年新。过去，张庄是“刮风一身灰，雨天一脚泥”，到处乱堆乱放、污水横流。4年前，水泥路修到村民家门口；3年前，旧房普遍得以修缮；2年前，网络覆盖全村；2018年，旱厕全部变成水冲厕所，全村711户实现“零危房”。现在走进张庄，映入眼帘的是干净的乡村道路、美观的太阳能路灯，以及一排排富有豫东民居特色的两三层小楼。进入一户户家中，看到的是干净整洁的小院、绿茵茵的瓜果树木、漂亮的家具家电。真是旧貌变新颜，环境比城里还好。

农民就地变工人。随着农业规模化经营的开展和引进企业的入驻，村里用工机会和岗位逐渐增多，越来越多的张庄人“农民就地变工人，就业增收不离村”，其中仅发展恒温厂房化褐菇种植的现代农业产业园，就吸纳120多名村民常年就业，人均月收入超过3000元。村里的采摘园、合作社、种养殖大户，也都季节性雇人。一家企业组织村里的妇女纯手工制作布鞋，帮助一些留守妇女实现了“看得住家，守得住娃，照顾了妈，还能挣钱养家”的愿望。

返乡创业成热潮。家乡变美了，增收机会多了，吸引不少外出务工的张庄人返乡创业，有的发展规模化养殖，有的继承祖传工艺制醋，有的做电商销售土特产，有的改造自家院落办起农家乐……全村在外务工2014年超过1100人，现在已经减少到700多人，越来越多的张庄人选择了“往家回”。23岁的大学毕业生雷慧杰，开的电商已有10多名员工，生意越做越红火，她说“回家乡创业，比在外打拼踏实多了”。

“张庄产”成了“香饽饽”。过去，泡桐、花生、大枣被称为兰考“三大宝”。如今，蜜瓜、红薯、花生成为兰考县的“新三宝”。张庄种的蜜瓜，已经打入北京市场。张庄种的褐蘑菇、白蘑菇，能够远销港澳地区甚至海外。张庄红薯、张庄香油、张庄花生糕、张庄老布鞋、张庄醋……这些往日的“土玩意儿”，正在成为城乡市场的“香饽饽”。66岁的村民李玉娥说，她家世代做红薯醋，以前只在附近村庄卖，一年卖不了1000斤，最近两年品牌越来越响，一年能卖2万斤。

“三根支柱”撑起一片天

我们在调研走访中感到，张庄这5年的蜕变不是靠等政策、“堆盆景”，而是在党的领导下实干、苦干、巧干的成果。总结张庄脱贫攻坚实践，他们是靠“三根支柱”撑起这一片天：抓住了一种资源，引来了一批企业，鼓起了一股劲头。

抓住了一种资源。张庄紧邻黄河，能看到黄河的雄浑和落日的壮美；张庄是焦裕禄精神的发祥地，处处烙印着焦裕禄的为民情怀，村民们随口都能讲上几段焦书记的故事。他们利用这种自然环境和红色资源，以改善人居环境为突破口，壮人气，发展乡村旅游。全村已有30多户村民参与到乡村旅游中，开办民宿19家，游客从过去“看看就走”到现在“吃顿饭、住一宿”，带来了消费，带来了人气，也带来了信息和资源。有的村民种下竹子、桃树等把农家院装扮成小花园，吸引着越来越多的城里人。

引来了一批企业。张庄人在实践中认识到，没有产业的发展就不会有稳定的脱贫，而产业的发展又必须依靠企业来带动。为了让贫困户提高“造血”能力，实现可持续增收，他们立足农业资源优势，积极招商引资，引进一批产值高、效益好、带动能力强的现代农业企业入驻，不断发展壮大高效农业。除依托一家生物科技公司发展高效菌菇种植外，还通过“公司＋村集体＋农户”模式，建设179座蜜瓜大棚，村民不仅可以务工、分红，还可以承包瓜棚。通过“农民合作社＋农户”模式，发展现代莲藕种植350亩，打造休闲观光鱼塘，建起260亩的生态采摘园。在企业组织下，种养殖大户充分利用小额贴息贷款和产业发展信用贷等普惠性金融政策投资兴业，将农业与金融结合起来，借助农产品价格保险和农产品期货，既让联动的农户规避了市场风险，又解除了银行向他们授信的后顾之忧。

鼓起了一股劲头。脱贫致富根本靠内生动力。5年来，张庄村干部群众的奋斗激情一直很高昂。村党支部发展了4名新党员，充实了有学历、有见识、有能力的年轻党员进班子，形成了坚强的战斗堡垒。党员干部走进村民家，就像回到自己家一样，说的是家长里短，唠的是收入发展。2018年，村民董仙竹家的梨滞销，村干部到她家里发现一屋子的梨，赶忙帮助联系销售，很快以较好的价格全部卖了出去。董仙竹已60多岁，除了种地外，还承包两个蜜瓜大棚，每天在大棚里超过6小时。在她的精心管理下，2018年种出“兰考瓜王”，得了2000元奖励。如今，她家新盖的二层小楼年底就能搬进去，做事更有拼劲了。她说：“干部天天为我们的事发愁，咱咋好意思不加油干？实现小康，俺家不能拖后腿。”谈起劲头，东坝头乡党委书记宋鹏很有感慨：“看着老百姓的日子越过越好，感觉自己就有使不完的劲。”这股劲，就是对群众的亲劲、抓工作的韧劲、干事业的拼劲。

让焦裕禄精神永远闪光

精神在，力量就在，希望就在。

50多年前，兰考县的老书记焦裕禄在张庄探流沙、查风口，率领群众植树治沙，谱写了一曲战天斗地、改变命运的壮丽凯歌。

“不改变兰考的面貌，我决不离开这里。”风沙中焦裕禄斩钉截铁的话语至今仍在中原大地回响。睹物思人，56 年前焦裕禄亲手种下的那棵“焦桐”，如今伟岸挺拔，俨然一座丰碑，无声地激励和鞭策着兰考和张庄的干部群众。如今，张庄人不信邪、不认命、不服输，党员干部带领群众再向贫穷宣战，展现了新时代的焦裕禄精神。

我们在走访中，感受最深的是当地干部的务实作风和群众对党组织、对扶贫干部的信任。

脱贫攻坚期间，兰考县领导每周到村里住一晚，了解群众困难，指导脱贫工作；乡镇干部包村驻点，帮助设计脱贫方案，想方设法引领发展；村干部更是成了群众的家里人，大到贷款、办厂、租门面房，小到看病、出行、处理垃圾，一一为群众排忧解难。他们常挂嘴边的话是：“老百姓有怨气，说明咱工作没到位。”“交流多了，矛盾少了，气就顺了，劲就足了。”

看到党员干部一个个掏心窝子帮助群众，群众的回报则是：党叫干啥咱就干啥，齐心跟着干部走，肯定没有错！

如今，张庄村干群和谐，邻里和睦，民风淳朴，好几年没有发生过治安案件。每周五晚上的“幸福家园”大讲堂场场爆满，群众自发成立的“梦里张庄”艺术团演出也很有吸引力。尽管脱贫走向富裕、日子好起来了，但张庄人的奋斗精神没有减，对幸福生活的追求越来越高。他们已经勾勒出未来的生活美景：“家家住洋楼，吃穿都讲究；银行有存款，兜里花零头；孩子读书好，养老不用愁；村美产业旺，福气享不够。”

2014 年，习近平总书记在兰考考察调研时曾提出一个发人深省的问题：焦裕禄在兰考工作时间并不长，但给我们留下这么多精神财富，我们应该给后人留下什么样的精神财富？回望峥嵘岁月，展望美好前景，张庄人正在用实际行动践行习近平总书记的殷殷嘱托，决心用脱贫致富的成效实绩和群众的认可满意，将焦裕禄精神这块“金字招牌”在新时代擦得金光闪闪、熠熠生辉。

（来源：《人民日报》2019 年 9 月 18 日）

（二）新时代共同富裕理论的主要内容

新时代共同富裕理论以推动生产力的解放和发展为基础，以坚持共享发展、实现公平正义为核心，坚持物质富裕和精神富裕的统一，坚持以人民为中心，把人民对美好生活的向往作为奋斗目标，是指导我们建设社会主义现代化强国、逐步实现中国梦的重要思想。

进一步解放和发展生产力是实现共同富裕的前提。不断推动生产力的解放和发展是新时代共同富裕理论的基石。推动生产力的发展是实现共同富裕的基本条件。习近平总书记在庆祝改革开放 40 周年大会上的讲话中指出：“必须坚持以发展为第一要务，不断增强我国综合国力。改革开放 40 年的实践启示我们：解放和发展社会生产力，增强社会主义国家的综合国力，是社会主义的本质要求和根本任务。只有牢牢扭住经济建设这个中心，毫不动摇坚持发展是硬道理、发展应该是科学发展和高质量发展的战略思想，推动经济社会持续健康发展，才能全面增强我国经济实力、科技实力、国防实力、综合国力，才能为坚持和发展中国特色社会主义、实现中华民族伟大复兴奠定雄厚物质基础。”生产力的发展水平直接决定人民群众的生活水平。在新时代社会主要矛盾转变的背景下，只有通过不断发展生产力，解决发展不平衡不充分的问题，才有可能满足人民日益增长的美好生活需要。

坚持共享发展、公平正义是实现共同富裕的核心。新时代共同富裕理论最核心的内容就是坚持共享发展，实现公平正义。习近平总书记指出："共享理念实质就是坚持以人民为中心的发展思想，体现的是逐步实现共同富裕的要求。"没有全民共享，共享发展就失去其成效。只有真正坚持共享发展、实现公平正义，才能逐步实现共同富裕。

（三）新时代共同富裕理论的重大价值

新时代共同富裕理论是实现中华民族伟大复兴、破解贫富差距难题必须坚持的重要价值理念，对于丰富和发展马克思主义共同富裕理论，缩小贫富差距，激发人民群众的积极性、主动性、创造性，坚定共产主义理想信念具有重大理论价值和现实意义。

丰富和发展了马克思主义共同富裕理论。共同富裕是马克思主义的一个基本目标，实现共同富裕是社会主义国家与资本主义国家相区别的本质特征。新时代共同富裕理论坚持以人民为中心的发展思想，以新时代社会主要矛盾的变化为契机，丰富和发展了马克思主义共同富裕理论。新时代共同富裕理论是在解决新时代中国发展遇到的贫富差距问题过程中形成的。新时代的共同富裕理论是对先富带动后富思想的进一步发展。新时代共同富裕理论不仅追求物质上的先富带动后富，同时更加强调在精神上实现先富带动后富，强调要实现精神富裕和物质富裕的同步发展，推动实现全面共同富裕，这一理论为实现物质、精神的共同富裕指明了方向，为先富带动后富提供了理论依据。新时代共同富裕理论更加注重发展的科学性和协调性。新时代的发展坚持新发展理念，是注重发展质量和效益的发展，是兼顾效率和公平的发展，是科学发展。

为缩小我国贫富差距指明了方向。新时代共同富裕理论在新时代社会主要矛盾变化的背景下，紧紧围绕发展不平衡不充分这一主要问题，坚持大扶贫格局，推进精准扶贫战略，并取得显著成效，为缩小贫富差距指明了前进方向。通过科学发展逐步解决发展的不平衡不充分问题，是缩小贫富差距的主要路径。贫富差距拉大的现实原因是发展的不平衡不充分。发展不充分难以具备实现富裕的前提基础，发展不平衡导致共同富裕的本质特征“共同”难以实现。坚持物质文明和精神文明协调发展是缩小贫富差距的重要途径。贫富差距拉大问题的存在既跟生产力水平的发展密切相关，又跟精神文明发展密切相关。改革开放以来，我国人民的生活水平大幅提升，但仍有少部分群众的生活相对艰难，这部分群体的脱贫问题必须解决。新时代共同富裕理论坚持实现“一个都不能少”的共同富裕，是真正的共同富裕。

激发人民群众的积极性、主动性、创造性。新时代共同富裕理论坚持以人民为中心，以人民切实关注的物质和精神上的共同富裕为核心内容，必将大大激发广大人民群众的积极性、主动性、创造性，在新时代凝心聚力为建设社会主义现代化强国奋斗，逐步实现共同富裕。习近平总书记在党的十九大报告中指出：“综合分析国际国内形势和我国发展条件，从二〇二〇年到本世纪中叶可以分两个阶段来安排。”“第一个阶段，从二〇二〇年到二〇三五年，在全面建成小康社会的基础上，再奋斗十五年，基本实现社会主义现代化。到那时，……全体人民共同富裕迈出坚实步伐……”“第二个阶段，从二〇三五年到本世纪中叶，在基本实现现代化的基础上，再奋斗十五年，把我国建成富强民主文明和谐美丽的社会主义现代化强国。到那时……全体人民共同富裕基本实现……”

坚定共产主义远大理想。新时代共同富裕理论以坚持共享发展、实现社会公平正义为核心，强调物质富裕和精神富裕的辩证统一，既有利于实现真正可持续的共同富裕，又为实现共产主义做物质条件和精神条件准备，更加坚定了人民对共产主义的理想信念。

发展才是社会主义，发展必须致力于共同富裕。实现全体人民共同富裕的宏伟目标，最终靠的是发展。发展是基础，唯有发展才能满足人民对美好生活的热切向往。没有发展，没有扎扎实实的发展成果，共同富裕就无从谈起。要毫不动摇坚持发展是硬道理、发展应该是科学发展和高质量发展的战略思想，举全民之力推进中国特色社会主义事业，不断把“蛋糕”做大。同时，还要在不断发展的基础上把促进社会公平正义的事情做好，把不断做大的“蛋糕”分好，让社会主义制度的优越性更加充分体现出来，让实现全体人民共同富裕在广大人民现实生活中更加充分展示出来。绝不能出现“富者累巨万，而贫者食糟糠”的现象。[①]

总之，新时代共同富裕理论丰富和发展了马克思主义共同富裕理论，为缩小我国贫富差距指明了方向，有利于激发人民群众的积极性、主动性、创造性，对促进当代中国的发展和奔向共产主义具有重大的指导意义。

延伸阅读

1.《中国共产党第十九届中央委员会第四次全体会议公报》，人民出版社出版 2019 年版。

① 中共中央宣传部：《习近平新时代中国特色社会主义思想学习纲要》，学习出版社、人民出版社 2019 年版，第 45—46 页。

2. 中共中央党史和文献研究院：《十九大以来重要文献选编》（上），中央文献出版社 2019 年版。

3. 中共中央党史和文献研究院：《习近平关于“三农”工作论述摘编》，中央文献出版社 2019 年版。

4. 习近平：《习近平谈治国理政》第一卷，外文出版社 2018 年版。

5. 马克思：《资本论》，人民出版社 2018 年版。

6. 邓小平：《邓小平文选》第三卷，人民出版社 1993 年版。

深度思考

1. 如何理解共同富裕是社会主义的本质特征？

2. 如何理解邓小平的共同富裕理论？

3. 新时代共同富裕理论的重大价值是什么？

第二章

坚持农村土地集体所有——共同富裕的根本保障

农村基本经营制度是乡村振兴的制度基础。坚持农村土地农民集体所有，这是坚持农村基本经营制度的“魂”。习近平总书记指出，巩固和完善农村基本经营制度，走共同富裕之路，“要坚持农村土地集体所有，坚持家庭经营基础性地位，坚持稳定土地承包关系，完善农村产权制度，健全农村要素市场化配置机制，实现小农户和现代农业发展有机衔接”[①]。农村土地集体所有是国家为了解决农村土地私人垄断问题和提高土地资源配置效率而实行的农村土地由劳动者所有、劳动者受益、劳动者集体管理和国家规范调节的一种制度结构。随着社会经济条件的变化，这一制度在实践中已经发生变化，整个制度变迁过程可分为改革开放前的传统模型、改革开放以后的发展模型和深化改革以后的现代模型。

一、农村土地制度的变迁

在由众多制度构成的中国农村制度体系中，土地制度居于基础性地位。新中国成立后，社会主义农业经济体制的建立，首先从土地制度开始，而肇始于 20 世纪 70 年代末期的中国农村改革也是从土地制度破题的。我国农地产权制度的历史变迁经历了四个阶段。

---

① 中共中央党史和文献研究院：《十九大以来重要文献选编》（上），中央文献出版社 2019 年版，第 144 页。

（一）农地农民所有、农民经营：1949—1952 年

中华人民共和国成立不久，中央人民政府委员会颁布了《中华人民共和国土地改革法》，提出必须废除地主阶级封建剥削的土地所有制，实行农民的土地所有制，借以解放农村生产力，发展农业生产，为新中国的工业化开辟道路。到 1952 年年底，大陆除了西藏等少数地区外，土地革命在全国农村胜利完成，农村土地占有关系发生了根本性变化，地主拥有的土地、农具等大量生产资料转入农民手中，农民成为土地真正所有者。

（二）农地农民所有、集体经营：1953—1956 年

在土改中，农民虽然重新获得农地，但一些缺乏其他生产资料的贫农和下中农由于经营规模小、生产率低，既无法抵御自然灾害，也无法采用先进技术扩大再生产，严重束缚了生产力的发展。落后的小农经济，迫切要求引导农民走合作化道路，按照自愿原则推行生产互助。农业生产互助组一般由几户或十几户组成，土地、耕畜等生产资料和农产品仍归私人所有。1953 年 12 月，中共中央颁布了《关于发展农业生产合作社的决议》，在劳动互助组的基础上发展初级农业合作社。伴随着农业生产的发展，初级农业合作社逐渐过渡到高级农业合作社。到 1956 年年底，加入农业生产合作社的社员总户数已达全国总户数的 96.3%，其中初级社户数占 8.5%，高级社户数占 87.8%。农业合作化的完成，实现了中国土地的公有化。随着土地及耕畜、大型农具等主要生产资料归农业生产合作社集体所有，在广大农村建立了劳动群众的社会主义集体所有

制经济。这标志着我国基本上完成了对个体农业的社会主义改造。[①]

（三）农地集体所有、集体经营：1956—1978 年

1956 年，在社会主义改造过程中，我国通过政治动员的方式推行农业规模化经营，开辟了“农地归集体所有，农业实行集体经营”的道路。到 1958 年 10 月底，全国超过 99% 的农户加入人民公社，74 万多个农业合作社被合并为 2.6 万多个人民公社，形成了农地统一管理、生产统一组织、分配绝对平均的“三级所有，队为基础”的农地集体所有制。所有权与经营权“两权合一”的农地产权制度安排，虽然解决了农户家庭分散经营的弊端，推动了农业生产的发展，但这种农地产权制度使得农民完全丧失了对农地使用、收益以及处置的权利，抑制了农民生产积极性和创造性。

（四）农地集体所有、家庭承包经营：1978 年至今

为了克服传统农地制度的弊端，1978 年改革开放以来，我国开始了新一轮农地产权制度的探索，废除了人民公社，推行以家庭联产承包责任制为主线的农地产权制度改革。1978 年 11 月，安徽凤阳小岗村村民大胆实践，率先实行包产到户，将农地的所有权与承包经营权分离，推行家庭联产承包责任制。1983 年年底，全国家庭联产承包经营的农地面积占耕地总面积 97.8% 左右。家庭联产承包责任制顺应了农业生产发展规律，极大激发了农民生产积极性，大幅提高了农业劳动生产率，解放农村生产力，促进了农村剩余劳动力的转移。1981 —1985 年是中华人民共和国成立以来我国农业发展最快的时期。

---

① 中共中央党史研究室：《中国共产党历史》第二卷（1949—1978），中共党史出版社 2011 年版，第 344 页。

总之，改革开放以前，我国农村土地集体所有制的组织方式和实现形式是：在国家统一计划管理下，农村土地由劳动者个人占有，由劳动者集体统一经营、统一劳动和按劳分配，土地上的劳动成果及利益主要由劳动者个人获得并分享给个人家属，同时也提供给一些没有参加劳动的特殊困难的人员。这种制度安排的特点是：土地产权界定和资源配置方式为“国家计划管理—劳动者集体命令—劳动者个人服从”，在制度内不承认或忽视劳动者个人的差异性利益要求，国家对农村土地资源实行集中统一计划管理，劳动者集体在制度中处于核心地位，劳动者个人之间实行共同劳动，对土地上的劳动成果及利益主要以劳动时间和人们的基本生活需要为依据进行集中统一分配，建立对劳动的激励机制。

改革开放以后，我国农村土地集体所有制的组织方式和实现形式是：农村土地仍由劳动者个人占有，但经营方式发生变化，引入了家庭经营并以此作为基础性的经营方式，同时对集体统一经营方式进行改造，实行集体及合作社经营，负责资产管理、公共服务和利益调节，在分配上初期实行“交够国家的，留足集体的，剩下就是自己的”，现在实行国家农业支持保护政策，土地上的劳动成果及利益不仅有来源于家庭经营的部分并以此为主，而且有来自集体统一经营的部分，在此基础上分享给个人家属同时也提供给一些没有参加劳动的特殊困难群体的人员。这种制度安排的特点是：土地产权界定和资源配置方式是“劳动者个人家庭经营—劳动者集体统一经营—国家支持管理服务”，国家在制度中的角色从计划管理逐步转变为支持管理服务，在制度内承认和尊重劳动者个人的差异性利益要求，劳动者个人的家庭经营在制度中发挥核心作用，劳动者集体管理的内容大幅减少并在性质上发生变化，实行将家庭经营与集体统一经营管理服务相结合。

二、发展新型集体经济，走共同富裕道路

农村土地集体所有制的基本目标是要从根本上解决我国经济发展中的公平和效率两个重大问题，建立一种长期有效的经济增长机制，发挥制度在经济增长中的重要作用。一是解决农村土地的私人垄断问题，激发人的生产性努力；二是提高农村土地资源配置效率，深化劳动分工与合作。

新型集体经济是劳动者的劳动联合与劳动者的资本联合相结合的经济。“两个联合”的主要内容是：一是集体经济要实行劳动者的劳动联合，以体现集体经济的性质，规定它是劳动群众自己的经济组织；二是在坚持合作制原则的基础上，吸取股份制的一些做法，兼容合作制与股份制的特点；三是集体内部实行按劳分配与按资分红相结合，使劳动者充分享有自己的劳动成果。这些内容丰富和发展了马克思主义集体经济理论，体现了与时俱进、理论创新的精神。集体经济是农村建设社会主义的经济基础，是农民实现共同富裕的根本保证，是家庭经营沿着社会主义方向发展的制度保障。

（一）集体经济是公有制的形式之一

党的十九届四中全会提出：“公有制为主体、多种所有制经济共同发展，按劳分配为主体、多种分配方式并存，社会主义市场经济体制等社会主义基本经济制度，既体现了社会主义制度优越性，又同我国社会主义初级阶段社会生产力发展水平相适应，是党和人民的伟大创造。”集体所有制是生产资料归某一集体的劳动者所有的经济关系，是由劳动者自愿结合而成的，劳动者在集体内部是平等的。集体所有制是公有制的一种形式。

知识链接

集体所有制

集体所有制是“社会主义劳动群众集体所有制”的简称，是社会主义社会中生产资料和劳动成果归部分劳动群众集体共同占有的一种公有制形式，是中国公有制经济的重要组成部分。在农村表现为各种形式的地区性农业合作经济组织和其他生产、供销、信用、消费、工副企业等合作经济；在城镇表现为手工业、工业、建筑业、运输业、商业、服务业、修理业等集体经济。集体所有制是部分劳动者共同占有生产资料的所有制形式，是公有制形式之一。

（二）发展农村集体经济是农村生产力发展的客观要求

生产力决定生产关系，生产关系必须适应生产力的发展。改革开放以来，我国实行的以家庭经营为基础的家庭联产承包责任制，适应我国农村生产力的状况。家庭联产承包责任制的普遍推广，充分调动了农民的生产积极性，从而极大地解放了生产力，促进了农村经济的飞速发展。农村改革经历 40 多年的发展，生产力的发展已达到一个新的水平。早在 20 世纪 80 年代邓小平同志就已经深刻地认识到这个问题，多次明确指出，我国农村经济发展的根本方向就是发展集体经济。

（三）发展农村集体经济能够有效促进精神文明建设

共同富裕是一个内涵丰富的范畴，它不单指物质生活的提高，还指物质生活和精神生活的双富裕，是以物质的共同富裕为基础的物质文明与精神文明的统一。因此，我们所追求的共同富裕是物质文明与精神文明的统一。精神文明建设的根本任务是适应社会主义现代化建设的需要，培养有理想、有道德、有文化、有纪律的社会主义公民，提高整个中华民族的思想素质和科学文化素质。但精神文明建设，尤其是农村精神文明建设不能完全依靠思想道德教育。千百年来，由于历史原因，形成了农民的劳动生活分散、组织纪律涣散的风气，特别是在追求利润的市场经济体制下，如果对农民的思想教育放松，农民的国家观念、集体观念和道德责任感就会淡化，创业精神和传统美德就会减弱。要培养造就新型农民，关键的问题是组织农民。然而，有效的组织只能靠集体的力量，集体对农民的凝聚力和组织能力的大小则取决于集体经济的发展程度。只有集体经济壮大了，带领农民致富了，集体才会对农民产生凝聚力，才能在农村精神文明建设中起到有效的组织作用。

三、坚持和完善农村土地集体所有制这个制度优势

从现代制度经济学的角度看，农村土地集体所有制是一种设计十分精巧的制度结构，这种制度不仅在计划经济条件下发挥过重要作用，而且与现代市场经济条件也是兼容的。实行这种制度，对于从根本上解决农村土地私人垄断问题、解放和发展农村生产力、增进和保护劳动者的利益、控制和降低农业生产成本和国民经济建设成本、提升我国经济在国际上的竞争力和社会总福利水平具有重要意义。在新时代，随着社会经济条件的深刻变化和农村劳动者的不断分化，这一制度的运行也面临新的挑战，对这种制度也需要进行改革和完善，但改革的合理方向既不是取消集体，也不是锁定集体，而是针对劳动者本身及劳动分工的变化

和土地本身及其长期投资的变化，通过实行保留、取消和修改等方式相结合，深入激励人们的生产性努力，调节人们的分配性努力，抑制人们的不努力，使之更加适应时代发展的新需要。

（一）农村土地集体所有制的制度设计具有先进性

农村土地集体所有制的制度设计，明确农村土地由劳动者所有，从根本上解决了农村土地的私人垄断问题，具有较强的社会主义性质。主要原因是我国人多地少，农村土地是稀缺的，如果农村土地由不参加劳动的人所有，就有可能出现土地被占而不用和土地的所有者凭借所有权不劳而获的问题。通过明确农村土地由劳动者所有，一方面意味着不参加劳动的人要退出土地；另一方面意味着劳动者是土地的主人，不仅消除了人们不劳而获的可能性，而且也修正了交换价值论所隐含的起点不公平的局限，体现了社会主义制度促进公平和推进土地与劳动直接结合提高资源配置效率的优越性。不仅如此，这一制度引入劳动者集体管理，劳动者集体由劳动者个人组成，在改革开放以后，它对内实行民主管理，对外实行市场交易，实际上是采用了制度的方式而不是暴力、强权和人治的方式解决问题，与现代市场经济体制的要求是一致的。这一制度引入劳动者受益，劳动者受益的范围是开放的，将个人的利益限制在劳动价值论及公平性的范围之内，实行按劳分配，有利于调动劳动及各种要素投入的积极性，还在技术上促进土地与这些要素的更好合作，可以促进生产力的发展。这一制度引入国家规范调节，在国家规范调节下，农村土地可以由劳动者集体所有，也可以由劳动者个人所有，劳动者受益不仅包括集体边界内的劳动者受益，也包括村社以外的相关劳动者受益，劳动者集体管理的成员不仅包括所有权人，还包括使用权人，以及其他的相关生活居住者，不仅可以由集体实体管理，而且可以由集体合约管理，整个制度具有较强的包容性和广泛的适应性。

（二）全面准确把握农村土地集体所有制制度设计的内容

农村土地集体所有制的基本内容由两个制度目标、四个制度安排和一个制度性质组成，形成了一个有机整体。这些内容既设立了对人们占有农村土地的条件和机制，又设立了对人们退出农村土地的条件和机制；既允许农村土地由劳动者集体所有，又允许农村土地由劳动者个人所有，为提高土地资源配置效率提供了空间和支撑；既要实行按劳分配，又不排斥按要素分配；既设立了保证人们获取土地上利益的条件和机制，又设立了调节人们所获得的土地上的利益的条件和边界，为公平合理分配土地上的利益及劳动成果提供了依据和标准。土地产权的内容是特殊而复杂的，由国家管理权、土地所有权和土地使用权三种权利组成；国家的角色是规范调节，在解决农村土地外部性问题方面具有不可替代的重要作用。

（三）科学合理确定深化农村土地集体所有制改革的方向

针对现行的制度规定，深化改革的重要基础是深入实践劳动价值论；重要方向是合理引入条件，将制度设计所隐含的思想、假设和条件显性化，实行保留、取消和修改相结合；重要内容是区分劳动者与农民及自然人，区分土地的自然资源属性和长期投资属性，区分土地国家管理权、土地所有权和土地使用权，对不同类型的劳动者和土地实行分类管理，推进土地所有者、使用者和劳动就业者合理分开，引入规范化和标准化的土地使用权，发挥市场机制的重要作用；重要目的是激发人的生产性努力，调节人的分配性努力，抑制人的努力方位，更好地尊重劳动、扩大投资、增长知识和促进创新，促进公平、提高效率，提高社会福利水平。

典型案例

江苏省南京市高淳区淳和水稻专业合作社

南京市高淳区淳和水稻专业合作社通过承担江苏综合社改革试点任务，实行股份合作制。将村集体经济组织作为团体成员纳入合作社，实现村社共建；将农户承包土地经营权量化成股权入资合作社，实现资源共享；将扶贫专项资金入资合作社，实现资产收益扶贫。通过整合村内原有的 4 家农民专业合作社，合作社延伸拓展了服务体系，实现了全村水稻产业的“八统一”，激发了村集体经济发展新活力。

股份合作激活农村发展新动力，高淳区淳和水稻专业合作社

南京市高淳区淳和水稻专业合作社成立于 2008 年 5 月，位于高淳区东坝镇和睦涧村。和睦涧村交通便利，环境优美，有良好的区域和资源优势。合作社成立 11 年来，成员由最初的 18 名增加到当前的 455 名；成员出资总额由 5.1 万元增加到 550 万元；种植面积由 300 亩扩大到 3232 亩，其中有机水稻种植面积 2600 亩；年经营收入由 80 多万元增加到 800 多万元。合作社注册的“和睦涧”商标获“南京市著名商标”，“和睦涧”牌大米连续 7 年通过有机产品认证，获“江苏省名优农产品”称号，入选江苏省“十家农民合作社十个畅销产品品牌”。

2014 年，合作社承担江苏省省级农民合作社综合社试点任务，实行股份合作，以村集体经济组织为依托，以村民承包土地经营权入股为核心，以村主导产业为支撑，以全体村民互助合作、收益共享为目标，摸索出了一条合作社股份合作的新路径，激活了农村发展新动力。

一、整合资源，拓宽服务领域

和睦涧村地处丘陵山区，农业主导产业为有机水稻种植。村集体先后牵头组建了淳和水稻专业合作社、农地股份合作社、社区经济股份合作社、淳和劳务专业合作社。4个合作社成立之初，在各自的经营范围内发挥了一定作用，但随着形势发展变化，作用发挥不明显，经营业务和职能交叉重叠现象凸显，除淳和水稻专业合作社外，其他3个合作社没有实质性运作。

2014年，和睦涧村以淳和水稻专业合作社为载体，采取撤并、参股等形式，将村里原有4家合作社的服务职能整合到水稻专业合作社运作，成立了技术服务小组（农机队15人、植保队5人），劳务服务小组（30人）。建设了粮食加工厂、烘干房、农机库、直营店等，初步建成了集生产、加工、销售、农机、植保、技术信息、劳务用工、农业保险、农田流转、基础设施建设、社区物业管理等服务功能于一体的综合性农民合作社实体。在产业发展上，具体实施了“八个统一”，即统一种苗、统一技术指导、统一耕种、统一收割、统一收购、统一加工、统一品牌、统一销售，实行产前、产中、产后的综合性服务。

二、综合试点，探索股份合作

合作社开展综合社试点，实行股份合作。

一是集体领办。以村党支部为主导，村集体经济组织控股领办，村集体出资占67.82%，农户出资占32.18%，理事长由村党支部书记兼任，突出合作社的“集体性质”。

二是成员封闭。合作社成员面向本村农户，村内农户家庭自愿入社，不吸纳外村农户，收益归全体成员共有共享。

三是出资形式多元化。村集体以资产、资金、资源作价出资，农户以承包土地经营权作价、以货币等形式出资，低收入农户以财政扶持资金等多种形式出资。

为保障综合社产权清晰、权责明确以及成员真实、出资真实、分红真实，2014年合作社利用整合时机，修订章程，合理设置成员出资构成，并到工商部门变更登记，和睦洞村集体经济组织成为合作社团体成员。

三、资产量化，明晰成员股权

合作社主要有三类成员：一是村集体经济组织作为团体成员，二是本村以土地承包权作价出资的农户，三是以货币形式出资的本村农户。合作社出资结构为：

（1）村社区经济股份合作社代表村集体入股，共出资373万元，占比67.82%。其中，货币出资318万元；523.37亩集体土地作价出资33万元，包含水田319.75亩（作价750元/亩）、旱地203.62亩（作价450元/亩），548.59亩集体水面以400元/亩作价出资22万元。

（2）454户农户共出资177万元，占比32.18%。其中，454户农户2159.61亩土地作价入股150万元，包括水田1760.48亩（作价750元/亩）、旱地399.13亩（作价450元/亩）。

（3）货币出资共47万元。除27户农户以货币形式出资27万元外，合作社还采用“产业链＋贫困户”的模式，利用财政扶持低收入农户资金以及“万帮万”扶持低收入农户资金共20万元，平均量化给70户低收入家庭，将扶贫资金入股合作社，作为低收入农户增收基金。

四、村社共建，助力乡村振兴

合作社开展综合社试点后，与村委会分工合作，共同推动乡村全面振兴。

一是村社独立。合作社与村委会在村党组织领导下自我管理，相互支持、分账管理，确保产权清晰，账目清楚。合作社遵循《农民专业合作社法》，专注发展经济，遵循合作社运行机制，建立了成员代表大会、理事会、监事会，理事会抓日常工作，实行民主管理，重大事项由成员代表大会决定。村委会遵循《村民委员会组织法》，侧重民生实事、社会管理等。村集体股份分红用于村级公益事业，修桥铺路、整治村庄环境等。

二是党建强社。合作社建立了党支部，在村党总支的领导下开展工作。开展“共产党员户”挂牌亮身份、作承诺，组织党员争当“党员示范户”“党员种植户”“党员营销标兵”，带领成员比技术、比服务、比贡献，先后将3名生产经营能手培养成了党员，把2名党员培养成了生产经营能手，形成了党建强社、合作富民的生动局面。

三是设施兴农。合作社投资2000多万元，开展农田整治，完善农田基础设施建设，购置了10余台套农用设备，建设了1座农机库、2个直营店、620平方米的粮食加工厂、432平方米的成员培训中心及产品陈列室、528平方米的烘干房、306平方米的粮食仓储，70平方米的稻文化馆。这些农田设施和设备有效提升了全村农业现代化水平。

四是文明共建。合作社与村委会合力打造以有机大米为特色的稻乡文化村，融入稻米文化展示、稻田大地景观、稻草艺术体验、传统美食体验等生态旅游因素，打造经济发展与稻米文化相结合的田园综合体，和睦涧村被评为江苏省“生态文明村”。

五、成效显著，激发集体经济活力

淳和水稻专业合作社实行股份合作的做法开辟了村集体经济组织在发展集体经济、引领农民增收、帮扶低收入农户脱贫致富的新途径，呈现出5个基本特征。

一是强社新机制。合作社通过社区经济股份合作社参股、农户承包土地经营权入股、财政扶持资金量化入股的做法，探索了合作社建设新机制。

二是管理新模式。改变了过去“村社合一”的财务核算方式，产权清晰，权责明确。合作社和村委会经营分开、管理分开、项目分开、财务分开，村社共建，推行了村社分设新模式。

三是服务新内涵。将农地股份合作、社区经济股份合作、劳务合作、专业合作的经营服务内容整合起来，开展合作社综合服务，丰富了服务内容，激发了发展活力。

四是增收新途径。全村81%的农田入股合作社，基本实现了村民入社全覆盖。2018年合作社经营收入853万元，盈余200.9万元，提取公积金30万元。剩余盈余170.9万元的80.28%按土地股份分红，19.72%按成员出资分红。合作社农户成员共分红141.84万元，户均达3124元。村民人均收入26820元，比2017年增加1510元，初步实现了集体增收与农民致富的双丰收。

五是扶贫新手段。合作社充分发挥了产业扶贫的积极作用，低收入农户不但每年能以不低于20%的比例参与分红，而且还常年在合作社打工，实现了就近就业。2018年，63户（扣除已经过世的）低收入农户分红4.64万元，打工收入16万元，户均增收3276元。

（来源：中华人民共和国农业农村部网2019年8月27日）

四、深化农村土地制度改革，深入推进农村集体产权制度改革

（一）深化农村土地制度改革

保持农村土地承包关系稳定且长久不变，研究出台配套政策，指导各地明确第二轮土地承包到期后延包的具体办法，确保政策衔接平稳过渡。完善落实集体所有权、稳定农户承包权、放活土地经营权的法律法规和政策体系。在基本完成承包地确权登记颁证工作基础上，开展“回头看”，做好收尾工作，妥善化解遗留问题，将土地承包经营权证书发放至农户手中。健全土地流转规范管理制度，发展多种形式农业适度规模经营，允许承包土地的经营权担保融资。总结好农村土地制度三项改革试点经验，巩固改革成果。坚持农村土地集体所有，不搞私有化，坚持农地农用，防止非农化，坚持保障农民土地权益，不得以退出承包地和宅基地作为农民进城落户条件，进一步深化农村土地制度改革。

（二）深入推进农村集体产权制度改革

按期完成全国农村集体资产清产核资，加快农村集体资产监督管理

平台建设，建立健全集体资产各项管理制度。指导农村集体经济组织在民主协商的基础上，做好成员身份确认，注重保护外嫁女等特殊人群的合法权利，加快推进农村集体经营性资产股份合作制改革，继续扩大试点范围。总结推广资源变资产、资金变股金、农民变股东的经验。完善农村集体产权权能，积极探索集体资产股权质押贷款办法。研究制定农村集体经济组织法。健全农村产权流转交易市场，推动农村各类产权流转交易公开规范运行。研究完善适合农村集体经济组织特点的税收优惠政策。

（三）探索股份共有形式

现有农村土地集体所有制不能变，这个“集体所有”是集体成员的“共有”。要落实农民成员权资格，将“无主所有”还原为“共同拥有”。对集体组织中农民的成员权进行初始确认，每个成员对土地所有权按份共有，对外具有排他性。这也符合《物权法》第九十四条的规定：“按份共有人对共有的不动产或者动产按照其份额享有所有权。”因此，股份共有是比较好的共有形式。农地产权以股份形式份额化，通过土地的股份化来保证农民集体成员权的实现，土地没有进行物理形态上的零碎分割，同时利于利益分配。将土地所有权份额化绝不同于土地私有化，不是将集体所有权平均分配给农民，回归到小农经济状态。份额所有权只表示在法律上集体成员是共同所有权的一分子。在股权设置上可以将同用途、同等级的土地按面积股份平均分配。在共有制下，农地的占有、使用、收益、处分权应有真正的主体，农民份额化的股份组成的集体经济组织是土地股份共有制的董事会，持有份额股权的农民是股东。农民之间对土地既是共有，也是股份合作。

知识链接

增人不增地、减人不减地

“增人不增地、减人不减地”是我国农村继包产到户之后的一项重要制度安排。该制度由贵州省湄潭县于1987年首创，旨在解决因人口变动导致承包制不稳定所带来的诸多问题：如农民缺乏稳定的土地投资预期；土地生产率下降；土地细碎化越来越严重；调地成本太高；不利于控制人口增长；等等。“增人不增地、减人不减地”的制度安排影响广泛而深远，它逐步得到中央政府的肯定与推广。从1993年至今，国家先后出台了一系列文件、法律和法规，将这一制度予以制度化、法律化。尽管如此，对这一土地制度的改革取向，理论界仍有不同的观点与争论，在实际操作中由于新增无地人口的压力也经常听到“要求调地”的呼声。由于农村土地制度的稳定事关农民权利和农村社会稳定，迫切需要对“增人不增地、减人不减地”的制度有基于实践的分析与思考，为落实“长久不变”提供依据。

——中国社会科学院人口与劳动经济研究所 邵夏珍

五、新制度下的土地产权主体：土地股份共有合作社

（一）土地股份共有合作社定义

土地股份共有合作社农民在合作化运动中用入股合作的形式将土地交给集体，这个集体就是个体农民合作组建的组织，亦即合作社。农民

长期合作无法分离后形成了集体共有，这个共有财产的管理者——合作社是“劳动者联合体”，类似于“工人的合作工厂”，法律上的名称是农村集体经济组织。农村集体经济组织应作为“农民集体”之民事表达主体。合作社的土地所有权就是农民联合起来形成的土地共有产权，是土地私有产权的股份化合作。农民个体借助成员权体系实现集体所有权。为区别于一般意义上的合作社和其他农民专业合作社，笔者将代表集体土地产权主体的合作社定义为“土地股份共有合作社”，对应农地股份共有制，“土地股份共有合作社”就是农地股份共有权的产权主体。这个产权主体是经济组织而不是行政组织，不应该是《土地管理法》和《物权法》中所表述的“集体经济组织或者村委会、村民小组代表集体行使所有权”。

知识链接

《关于开展农民合作社规范提升行动的若干意见》采取哪些措施促进农民合作社增强服务带动能力

服务成员是农民合作社的宗旨。《关于开展农民合作社规范提升行动的若干意见》围绕乡村产业、服务功能、乡村建设、利益联结、合作联合等5个方面，引导鼓励农民合作社增强对农户的服务带动能力。一是发展乡村产业。鼓励农民合作社开展连片种植、规模饲养，壮大优势特色产业。引导农民合作社推行绿色生产方式，发展休闲农业、乡村旅游、民间工艺制造业、信息服务和电子商务等新产业新业态，积极开展质量认证，强化品牌营销推介。二是强化服务功能。鼓励农民合作社加强加工仓储物流等关键环节能力建设，延伸产业链条，向产加销一体化拓展。支持农民合作社开展农业生产托管，依法依规开展互助保险。三是参与乡村建设。鼓励农民合作社建设运营农业废弃物、农村垃圾处理和资源化利用等设施，参与农村基础设施建设。引导农民合作社参与乡村文化建设。四是加强利益联结。鼓励支持农民合作社与其成员、周边农户特别是贫困户建立紧密的利益联结关系，吸纳有劳动能力的贫困户自愿入社发展生产经营。鼓励成员用实物、知识产权、土地经营权、林权等作价出资。五是推进合作联合。引导家庭农场组建或加入农民合作社，鼓励同业或产业密切关联的农民合作社通过兼并、合并等方式进行组织重构和资源整合。支持农民合作社依法自愿组建联合社。

（二）土地股份共有合作社的法人治理

土地股份共有合作社应该进行企业法人登记，在法律上具备独立法人地位，并实行“董事会＋公司制”的管理。合作社内部“一人一票”，民主决策，享受土地股份分红。重大事项需要召开社员大会，由合作社内三分之二以上成员表决同意。为避政治风险，成为市场主体的土地股份合作社对外合作不得以集体的土地所有权出资。土地股份合作社是“共有”“共治”“共享”的。“共有”就是产权的成员共有制，“共治”则是集体内的民主治理，“共享”是利益的公平分配，是集体权益与成员权益的统一。

（三）土地股份共有合作社是经典合作社而不是异化的合作社

按照合作社的罗虚代尔原则，合作社有七大原则和特征：成员完全同质；成员均等持股；成员自愿进出；“一人一票”，理事会成员和监事从成员中选出；成员的资本金不享受分红；提取一定量的公共积累；完全根据惠顾额来返还盈余。成员身份的同一性，即既是惠顾者，又是投资者，还是所有者，对内就不可能以盈利为目的，因而是以盈余返还为特征，同时要求互助合作，这是合作社与其他经济组织的区别。“一人一票”也是合作社区别于其他股份制企业的特征，因为“均等持股”，实际就是“一人一票”与“一股一票”相同。对合作社的成员有同质性要求，成员的同质性也便于民主决策和行动一致。在社会主义改造中建立起来的合作社是农民把刚刚平均分配到的土地又以入股的形式合作成立的，农民既是生产者，也是所有权共有者，还是惠顾者，成员均等持股，具有成员同质性，是符合经典合作社理念的农民合作社。本章提出的“土地股份共有合作社”是完全符合“罗虚代尔原则”的经典意义上的合作社，这也是最不能“异化”的合作社。土地股份共有合作社是全体集体组织成员的联合，也是土地的联合共有，与资本联合无关，一人一票。而承包经营权股份合作成立的专业合作社既是人（劳动力）的联合，也是土地经营权的联合，更是资本的联合，没有土地的人也可以有股份，集体组织成员以外的企业或者个人都可成为股东，实行一股一票。

农民专业合作社，是指在农村家庭承包经营基础上，农产品的生产经营者或者农业生产经营服务的提供者、利用者，自愿联合、民主管理的互助性经济组织。《农民专业合作社法》规定的“专业合作社”，其成员构成不再局限于具有相同市场地位、从事相同生产经营活动的同业生产者的联合，而是服务利用者和服务提供者共同组成的异质者的组织。合作社的发起人或者成员不一定是农业生产经营者，也可能是农产品生产者的服务供应商，例如“大户（能人）+社员”“村集体+社员”“农业企业+社员”等形式的专业合作社。农民专业合作社并不是真正意义上的合作社，而是“异化”了的合作经济组织，因为它们背离了合作社的基本原则，是“假合作社”。

延伸阅读

1. 本书编写组：《党的十九届四中全会〈决定〉学习辅导百问》，党建读物出版社、学习出版社2019年版。

2. 文龙娇、朱苗绘、陆玉梅：《三权分置下土地确权登记制度研究——综合比较与创新应用》，光明日报出版社2019年版。

3. 中共中央组织部组织二局：《发展壮大村级集体经济案例选》，党建读物出版社2018年版。

4. 高海：《农用地“三权分置”研究》，法律出版社2017年版。

深度思考

1. 试述新中国成立以来我国土地制度的变迁。

2. 如何理解土地集体所有是共同富裕的基础？

3. 什么是土地股份共有合作社？

第三章

巩固和完善农村基本经营制度

党的十九大报告提出“实施乡村振兴战略”，强调要“巩固和完善农村基本经营制度”。巩固和完善农村基本经营制度是我们党各项农村政策的根基，对于我国坚持走中国特色社会主义道路、解决“三农”问题有着不可替代的重大战略意义。

一、坚持家庭联产承包责任制

（一）坚持和完善农村基本经营制度——家庭联产承包责任制

家庭联产承包责任制即“包产到户”（分田到户），俗称“大包干”，是20世纪80年代初期在我国农村推行的一项重要的改革，是农村土地制度的一个转折，其特点是将土地产权分为所有权和经营权。所有权仍归集体所有，经营权则由集体经济组织按户均分包给农户自主经营，集体经济组织负责承包合同履行的监督，公共设施的统一安排、使用和调度，土地调整和分配，从而形成了一套有统有分、统分结合的双层经营体制。家庭联产承包责任制的推行，纠正了长期存在的管理高度集中和经营方式过分单调的弊端，使农民在集体经济中由单纯的劳动者变成既是生产者又是经营者，从而大大调动农民的生产积极性，较好地发挥了劳动和土地的潜力。

党的十九大提出，农村第二轮土地承包到期后，将再延长30年，让农民吃上长效“定心丸”。“有恒产者有恒心。”早在2000多年前，孟子就写下了对人性朴素而深刻的认识。回顾40多年来中国农村土地制度历程，可以看出土地制度改革的趋势是，坚持土地集体所有权不变，稳定和扩大土地承包权，完善和放活土地经营权。正是在这样的改革过程中，农民与土地关系中的不确定性越来越小。

（二）家庭联产承包责任制需要完善

从农村推行家庭联产承包责任制以来，我国农村社会生产力迅速发展，农村面貌发生了翻天覆地的变化。但是随着市场经济的深入发展，家庭联产承包责任制本身的局限性逐步显现出来，表现在：一是家庭分散经营，经营规模过小，难以形成规模经济效益。二是农民不能自由处置土地，限制了农民的择业自由。三是农村基础设施难以建设，农业生产长期高成本。四是家庭小块田地分散经营，不利于农业科技水平的提高。五是家庭小块田地分散经营，增加了农业生产的管理成本。六是农村家庭联产承包责任制的土地制度缺乏规范化的法律保障，制约了农民通过经营土地提高收入的能力。七是家庭联产承包责任制不能完全适应市场经济发展的需要。

（三）坚持和完善农村基本经营制度，“确权”为中国农业发展注入新活力、新动力

当越来越多的农业经营者能够心无旁骛地从事生产，农业经营的生产效率就会越来越高，与农业农村现代化的距离也就越来越近。随着农村土地制度改革的内涵不断丰富，土地使用权和所有权分离之后的“确权”让农民有了财产，以此为基础，土地流转、股份合作制等不断为中国农业发展注入新活力、新动力。

截至2017年12月底，全国31个省（自治区、直辖市）均开展了承包地确权工作，共涉及2747个县级单位、3.3万个乡镇、54万个行政村；承包地确权面积11.59亿亩，占二轮家庭承包地（账面）面积的80%以上。“确实权、颁铁证”，广大农民拿到了土地承包权的“红本本”。另外，合作组织、家庭农场、专业大户、龙头企业等各种类型新型经营主体已经超过300万家，它们与普通农民一道，共同推动中国农业稳步向前，也带动着越来越多的普通农户成为现代农业的参与者和获益者。

劳动是财富之父，土地是财富之母。具有保障功能、发展功能的土地，是我国广大农民群众的“命根子”。坚持和完善农村基本经营制度，稳固农民与土地的密切关系，就是守住了农民的“命根子”，同时也为进一步深化农村改革奠定了基础。

二、完善承包地“三权分置”制度

2016年，中共中央办公厅、国务院办公厅印发的《关于完善农村土地所有权承包权经营权分置办法的意见》，将农村土地产权中的土地承包经营权进一步划分为承包权和经营权，实行所有权、承包权、经营权分置并行。这一意见的出台在现阶段具有非常重要的意义，是继家庭联产承包责任制后农村改革又一重大制度创新。2017年中央一号文件提出，农村土地实行集体所有权、承包权、经营权三权分置。党的十九大报告提出，巩固和完善农村基本经营制度，深化农村土地制度改革，完善承包地“三权”分置制度。2018年的中央一号文件《中共中央 国务院关于实施乡村振兴战略的意见》再次强调，完善农村承包地“三权分置”制度，在依法保护集体土地所有权和农户承包权的前提下，平等保护土地经营权。

（一）完善承包地“三权分置”制度的重要意义

首先，有利于推动土地资源的规范使用。根据我国相关法律规定，农村土地的所有权归农村集体所有。“三权分置”制度强调要始终坚持农村土地集体所有权的根本地位，通过农村集体土地所有权的有效实施，能够约束不合理的征地行为，保护农户的利益，同时能够确保农村土地承包者与所有者合理利用土地资源，避免农地非农用行为，从而保护国家整体耕地不受侵害。

其次，有利于促进土地资源的优化配置。农村土地产权主要包括所有权和用益物权两个方面，作为土地所用权主体的农村集体经济组织，其概念自 20 世纪 80 年代土地制度改革之后便逐渐被弱化，现有的《中华人民共和国土地管理法》（以下简称《土地管理法》）等法律法规对其只给出一个笼统概念，均没有对其进行详细的阐述。因此，产权关系的模糊容易导致对农民承包权的侵害，这也是在土地流转前期农民积极性不高的原因之一。“三权分置”政策的颁布，稳定了农民的土地承包权，能够提高农民进行土地流转的积极性，从而为农业的适度规模化经营打下了良好的基础，对于土地利用率、农业劳动生产率的提高具有重要的意义。

最后，有利于提高农民从事农业活动的积极性。在明确提出“三权分置”之前，农业经营主体的权利并没有得到完全保障。“三权分置”政策明确规定，在依法保障集体所有权和农户承包权的基础上，平等保护经营主体的合法经营权，并保障经营主体稳定的经营预期。该规定对于发展种植大户、家庭农场、农村经济合作社等多种新型经营主体具有积极的意义。因为一方面，稳定的经营权减少了经营主体投资农业活动时的顾虑，经营主体在进行农业活动时敢于加大各项配套设施的投入，从而促进农业发展方式的升级与农业生产效率的提高；另一方面，经营权的可抵押性能够为经营主体发展农业引入所需资本，从而间接稳定经营主体的农业生产活动，进而促进农业生产“投入—收益—投入”的良性循环。

（二）“三权分置”入法，保障农民合法权益

2018 年 12 月 29 日，第十三届全国人民代表大会常务委员会第七次会议通过关于修改《中华人民共和国农村土地承包法》（以下简称《农村土地承包法》）的决定。修改农村土地承包法，主要就是为了将农村土地实行“三权分置”的制度法制化，以更有效地保障农村集体经济组织和承包农户的合法权益，同时也更有利于现代农业发展。

“三权分置”是继家庭联产承包责任制后农村改革又一重大制度创新，新修改的农村土地承包法规定，承包方承包土地后，享有土地承包经营权，可以自己经营，也可以保留土地承包权，流转其承包地的土地经营权，由他人经营。简而言之，实际上就是在原来的集体土地所有权、土地承包经营权基础上，又从土地承包经营权中分离出一个土地经营权。修改后的农村土地承包法对保护土地经营权还进行了相关制度设计——在流转方式方面，承包方可以自主决定依法采取出租（转包）、入股或者其他方式向他人流转土地经营权，并向发包方备案。在土地经营权登记方面，土地经营权流转期限为五年以上的，当事人可以向登记机构申请土地经营权登记。在土地经营权的融资担保方面，承包方可以用承包地的土地经营权向金融机构融资担保，并向发包方备案。受让方通过流转

取得的土地经营权，经承包方书面同意并向发包方备案，可以向金融机构融资担保。

农民进城落户，承包地不会随意被收回。承包期内不得随意调整农民的承包地，不得随意收回农民的承包地，是农村土地承包法的核心内容。修改后的农村土地承包法规定，国家保护进城农户的土地承包经营权。不得以退出土地承包经营权作为农户进城落户的条件。承包期内，承包农户进城落户的，引导支持其按照自愿有偿原则依法在本集体经济组织内转让土地承包经营权或者将承包地交回发包方，也可以鼓励其流转土地经营权。稳定农村土地承包关系，保护农民的土地承包经营权，很重要的一点，就是发包方在承包期内不得随意收回承包地，使广大农民真正地感到土地承包经营权是有切实保障的。在稳定承包权上，农业农村部还将继续做好农村承包地确权登记的收尾工作，“真正给农民确实权、颁铁证”。

进一步保护农村妇女的土地承包经营权。保护农村妇女的土地承包经营权也是本次修法的重点之一。在现行法保护农村妇女土地权益的基础上，修改后的农村土地承包法又新增两项规定，一是规定农户内家庭成员依法平等享有承包土地的各项权益；二是土地承包经营权证或者林权证等证书应当将具有土地承包经营权的全部家庭成员列入。这两项新增加的规定，实际主要考虑的也是关于保护农村妇女的土地承包经营权。我国实行土地集体所有，采取的是集体经济组织内部家庭承包方式，承包家庭的成员平等地享有承包土地的各项权益。这就是说，无论是妇女、小孩还是老人，都平等地享有土地的各项权益。修订后的土地承包法特别体现了这条，这也是对妇女权益保护的一种强调。

（三）如何进一步巩固承包地“三权分置”制度

“三权分置”制度的稳步推进，无疑将促进农业经济效率的提高。未来继续推进完善承包地“三权分置”制度，必须对现实操作中出现的一些亟待解决的问题做出回答和应对，要在依法保护集体土地所有权和农户承包权的前提下，平等保护土地经营权。

1. 进一步明晰农村集体所有权的概念

虽然我国法律对集体经济组织的权利进行了描述，我国《物权法》《土地管理法》等法律法规规定由村集体经济组织或者村民委员会代表集体行使所有权，但并没有明确集体经济组织的主体概念，如集体经济组织的组织形式、市场地位等。农村集体所有权主体概念的模糊，使大部分地方将村民委员会等同于农村集体经济组织。同时，农村集体经济组织没有一个明确的市场地位，也不利于其从事正常的市场经济活动。为此，必须进一步明晰农村集体所有权的概念，规定其具体的组织形式、规范章程、合法的法人主体地位等，使农村集体所有权的概念更为具体化。

2. 要协调承包农户与经营主体间的利益

我国《农村土地承包法》规定，农民对承包土地享有的土地承包权包括占有权、处分权等用益物权，但是对于承包权与经营权分离后各自的权能划分，相关的法律法规还没有形成统一的认识，其中，分离后的经营权是作为物权还是债权尚存在争议。在实践操作中要切实维护承包农户与经营主体间的利益平衡，主要体现在承包权与经营权分离后各自的权能划分方面。权能划分的模糊化会影响农业生产的经济效率，因此，承包权与经营权权能的划分：一方面，要考虑土地对于承包农户的收益和社会保障功能；另一方面，也要考虑土地为经营主体带来的收益及农业生产方式的优化功能。要将两个方面综合考虑，充分协调承包者与经营者之间的利益关系。

3. 保障农村土地用途的规范性与科学性

农村土地在流转过程中，工商资本的过多进入会造成粮食种植面积缩减、农地非农用等一系列风险。资本的逐利性以及粮食作物的低成本利润率会导致资本进入土地市场之后，将耕地用于非粮食作物的种植或者农地非农用，从而降低我国农业的自给自足程度，损害农民的利益。为此，必须保障农村土地用途的规范性与科学性。在放活农村土地经营权后，国家应当制定相应的法律法规，限制农村土地用途以保证农地农用。同时，农业相关部门应当制定科学的农村土地种植标准，避免出现非科学化大规模种植的情况。特别要强调，农业的多种形式经营应当建立在家庭联产承包责任制的基础上，以保证农业的可持续发展与现代化进程。

典型案例

引导土地有序流转，打造农业休闲观光示范村

——广饶县探索农村土地“三权分置”典型案例

“林荫小道，梨花飘雪，小桥流水”，这样诗情画意的场景如今已成为山东省东营市广饶县大码头镇小刘桥村村民的生活常态。广饶县大码头镇小刘桥村位于广饶县东北部，现有村民 182 户 599 口人，党员 27 名，耕地面积 602 亩，截至 2018 年 11 月已流转 568 亩，土地流转率占耕地面积的 94%。该村主要以发展工商个体户、养殖业、乡村旅游为主。2015 年以来，小刘桥村以基层党建

为引领，以强村富民为重点，在上级党委、政府的正确领导下，在帮扶单位市政协的大力支持下，村“两委”班子团结协作、积极作为，村容村貌大幅改观，群众生活越来越好。近两年来，小刘桥村先后荣获“山东省卫生村”“山东省特色旅游村”“东营市卫生村”“东营市文明村”“东营市美丽乡村典型示范村”等荣誉称号。

一、引导土地有序流转，发展壮大集体经济

发展村集体经济，要有抓住上级政策、发展规划的敏锐眼光。广饶县小刘桥村村“两委”班子依托项目建设和镇规划，以“幽雅闲致果香飘，小桥流水小刘桥”为定位，先后流转了275亩采摘园种植黄尊蜜梨，种植了350亩法国梧桐，为村集体经济新增收入11.6万元；流转了65亩集体土地用于建设沿街楼房、首集市场和规划小区，为村集体创收10万元；引导农村土地有序流转，不仅村内土地全部流转完成，还流转了邻近村庄70亩，盘活土地资源，发展壮大村集体经济，带领百姓走上致富之路。2018年年底，集体收入达到26.6万元，并将会持续增收。

二、叫响乡村旅游品牌，助力乡村振兴

2018年，小刘桥村建设了7000平方米高标准果蔬采摘大棚，种植西葫芦，以合作社主营、党员群众入股的经营方式，发展采摘旅游，年底拿出10%收益、约5万元分红交给集体；专门聘请设计院，编制《旅游建设方案》，规划了“一环一园三区”发展布局，明确了发展方向，“一环”就是乡村旅游环，“一园”就是苇编文化创意产业园，“三区”就是生态休闲农业区、滨河景观风貌区和艺术文化商业区；组织群众发展农家乐、民宿、林下休闲项目，打造“吃农家饭、住农家院、观农家景、享农家乐”旅游模式，叫响乡村旅游品牌。同时，充分用好河湾、传统手工艺、红色文化等资源，建设垂钓园、苇编室、红色纪念馆各一处，以租赁、服务等方式，实现集体多元化增收，大力发展乡村旅游，打造农业休闲观光专业示范村，助力乡村振兴。

三、筑牢基层党建根基，改善人居环境

小刘桥村狠抓党组织基层建设，通过亮身份、亮承诺、征意见，设立“党员先锋岗”，划分“党员责任区”，评选“优秀党员”等活动，充分发挥党员的先锋模范作用。在市政协机关的帮扶下，小刘桥村“两委”从群众关心的热点、难点问题入手，多方筹措资金，加大美丽乡村建设。墙壁粉刷，并绘制墙体彩绘，贴文明宣传标语；修建完成文化广场，配套完善健身器材；对进村路两侧进行高标准绿化，安装 LED 路灯和巷道景观灯；修复红色纪念馆，新建小刘桥村学生候车厅、便民服务室、乡村剧场、农村阅览室、高标准移动公共卫生间等；安装直饮水设备、数字高清监控；在全镇率先完成天然气户户通、旱厕改造等工作，村容村貌和各项村级事业迈上新的台阶。

（来源：山东省农业农村厅网 2018 年 11 月 28 日）

三、土地承包的“变”与“不变”

《中共中央关于推进农村改革发展若干重大问题的决定》提出：“赋予农民更加充分而有保障的土地承包经营权，现有土地承包关系要保持稳定并长久不变。”这表达了中央维护现行土地承包关系的坚强决心。

对“长久不变”的内涵，许多人从不同的角度作出了不同的理解。

有的人认为，“长久不变”就是指农村土地承包经营制度长久不变，具体到地块是可以调整的；有的人认为，“长久不变”是指承包期比原来的30年更长，甚至没有期限；还有的认为，“长久不变”是指到期后继续承包，与现行土地承包法律规定没有质的变化（《农村土地承包法》规定耕地承包期30年，《物权法》进一步规定承包期到期后可以按照国家有关规定继续承包）。这些理解都是正确的，但是并不全面。与法律相比，政策本身具有变动性、忽略程序性等特点，因此，单纯笼统地谈论“长久不变”是不够的，还需要从政策的具体层面上去理解和把握。

（一）如何理解稳定土地承包关系“长久不变”

土地承包关系“长久不变”首先是指土地承包合同有效期上的长久不变。《土地管理法》《物权法》《农村土地承包法》等法律明确国家依法保护农村土地承包关系的长期稳定，在此基础上，党中央将以前的“长期不变”调整为“长久不变”，表明了党和政府稳定土地承包关系的坚定决心。“长期”与“长久”之间的区别，从土地承包合同制定和履行的角度来看，“长期”是一个附期限的合同。所谓“附期限的合同”，是指无论合同法律效力能够持续多久，都有终止时期。而“长久”是一个附条件的合同，所谓“附条件的合同”，是指这个合同法律效力的持续时间取决于合同所附条件是否会发生，终止日期是不确定的。因此，我们可以确定“长久不变”的执行时间以1998年第二轮延包开始时间为准。而合同有效持续期限不定，可根据所附条件是否发生，期限可能很长，也可能很短，比如一些农户由于部分家庭成员死亡、迁移、就业，或者是承包人的自然死亡导致承包主体（农户）资格消失等来确定合同的有效期限。其次是指土地承包关系形式的长久不变。目前，我国农村土地经营形式有集体经营、国家经营，还有家庭经营。但党的十七大明确要求稳定和完善土地承包关系必须坚持农村基本经济制度。因此，党中央提出的“长久不变”，指的是农村土地由家庭经营这种经营形式长久不变，这是由农村基本经济制度决定的。农村土地承包经营权作为一种新型的用益物权，与传统用益物权相比，有它的独特之处。比如，传统用益物权不得转让、流转；传统用益物权当事人是一般主体，而农村土地承包权当事人必须是农村家庭经济组织及其成员；传统用益物权的成立以民事主体的平等协商为基本方式，而农村土地承包权的成立主要是建立在行政政策调整的基础上，而非仅依靠民事主体间平等协商就达成等。最后还要赋予农民更加充分而有保障的土地承包经营权。目前，通过《农村土地承包法》和《物权法》，国家已经赋予了农民对承包土地享有占有、使用、收益和流转的权利以及承包地被依法征收获得补偿的权利。其中，流转权利包括承包期内农户可以按照依法自愿有偿原则采取转包、出租、转让、互换等形式流转，也可以将土地承包经营权入股从事农业合作生产。这些权利构成了土地承包经营权的权能结构，这是法定权利，是设立在农村集体土地所有权上的用益物权。按照“长久不变”的要求和农村经济发展的需要，土地承包经营权还需要进一步拓展农民入股发展农民合作经济组织等权利，健全土地承包仲裁法律制度，加强对土地承包经营权的物权保护。

（二）稳定土地承包关系“长久不变”中需要解决的问题

稳定土地承包关系“长久不变”中需要解决的问题主要有：首先是第二轮延包遗留问题。由于第二轮延包工作是在农村税费比较重的情况下开展的，再加上伴随土地承包关系由经济责任关系向赋予产权关系转变，有的地方延包没有确权到户，有的地方农村集体经济组织成员身份界定不清，引起矛盾纠纷不断出现等延包遗留问题没有得到很好解决。其次是人地矛盾问题。第二轮延包后普遍采取“增人不增地、减人不减地”政策，能否解决好因人口变动、承包地被征占而引发的“人地矛盾”，直接关系到农村土地承包关系的长久稳定。当前，有的地方仍在搞“小调整”，已成顽疾，这对稳定土地承包关系极为不利，对稳定农民对经营土地的预期极为不利，也大大增加了社会管理成本。再次是随意改变土地农业用途问题。土地资源具有有限性和不可再生性，由于许多地方政府片面追求国内生产总值增长，建设形象工程，在招商引资、建设工业园区的过程中采取以租代征、先用后征、化整为零进行征用等策略非法占用土地，也有的地方以土地流转为名进行强制流转，擅自改变土地的农业用途，侵犯农户的土地承包经营权，《土地管理法》和《土地承包法》被束之高阁，有关部门奈何不得，农户更没有办法维护自身的合法权益。最后是修订完善相关法律法规和政策问题。要按照“长久不变”的要求“修订和完善相关法律法规和政策”。为落实这一要求，需抓紧研究提出修订完善相关法律法规的建议，把有关政策规定上升为法律规定。还要加快研究完善相关政策问题。比如，“长久不变”的起点和期限如何确定的问题，如何赋予农民更加充分而有保障的土地承包经营权的问题，如何完善土地承包经营权登记制度的问题等。

（三）对稳定土地承包关系“长久不变”的几点建议

我国土地制度改革的指导思想是稳定地权，调整农村社会有限资源配置，盘活农村土地，保护农村弱势群体。这说明，国家土地政策制定，不仅要从经济社会发展自上而下着眼，还要从农民作为农村经济发展的主体和政策的实际落实人出发自下而上考虑。因此，要想稳定土地承包关系长久不变，就必须从以下几个方面入手。

建议设立国家补偿、农村土地承包权流转机制。为了维护农村土地承包关系的稳定性，承包期限一旦确定就不能随意调整，在承包期限内农户家庭新增人口，建议由国家给予适当的补偿，建立合理的利益补偿机制，妥善解决农村人地矛盾问题，在加快二三产业的发展、促进农村劳动力外流的同时，建立健全农村土地承包权的流转机制，促进土地资源的适度集中。强化农村土地承包经营权的物权地位，政府通过对土地流转的指导、服务和管理，逐步确立市场调节作为解决土地占有不平衡问题的基础手段，取代传统以政策调整为主的格局，从而确保农村社会大局实现和谐稳定发展。

正确处理经济发展与保护耕地的关系。要合理确定建设用地，进行科学合理规划，实行预留建设用地制度。经济要发展，不可避免会占用一些土地，因此必须提高前瞻性，实现经济发展与保护土地的良性循环，凡是属于基本农田，除非涉及国家安全和社会公共利益，一旦确定就不能随意占用，在确保国家农业安全的前提下，合理确定农业用地数量与水平，正确处理经济增长与合理保护耕地的关系，促进经济可持续发展。

制定科学的土地产权法律、法规。首先，明确规定土地所有权归国家和农民集体所有，将集体土地使用权中的农地使用权赋予农民个人，摆脱农地使用权（承包经营权）仅仅是满足国家和集体的要求后的一种“剩余控制权”的地位。其次，通过立法确立农民持有土地使用权期限为70年，使农村土地使用权与城镇土地使用权具有平等的法律地位。农民依法享有承包、使用、转让、抵押等完全的土地使用权，保护农民作为土地所有权所有人的合法地位。

知识链接

剩余控制权

剩余控制权是资产所有者在不违背先前的契约、惯例或法律的前提下可以决定资产所有用途的权利，即对初始契约没有明确规定的或然性事件出现时作出相应决策的权利。在完全的契约条件下，所有的权利都能通过契约得到界定，都有主体，故不存在剩余控制权。

延伸阅读

1. 本书编写组：《〈中共中央关于坚持和完善中国特色社会主义制度、推进国家治理体系和治理能力现代化若干重大问题的决定〉辅导读本》，人民出版社 2019 年版。

2.《中华人民共和国农村土地承包法》，法律出版社 2019 年版。

3. 丰凤：《土地流转与农村集体经济发展关系研究》，中国社会科学出版社 2019 年版。

4. 樊明等：《土地流转与适度规模经营》，社会科学文献出版社 2017 年版。

深度思考

1. 为什么要坚持家庭联产承包责任制？

2. 如何理解稳定土地承包关系“长久不变”？

3. 如何保障农村土地用途的规范性与科学性？

第四章

创新农村双层经营体制

农村双层经营体制是我国农村的一项最基本的经营制度。农村双层经营体制对于农村经济发展有着直接影响，关系到新农村建设的成败。2018 年 9 月 21 日，习近平总书记在十九届中央政治局第八次集体学习时强调指出，要突出抓好农民合作社和家庭农场两类农业经营主体发展，赋予双层经营体制新的内涵，不断提高农业经营效率。这充分体现了新时代对于创新农村双层经营体制的新要求。2019 年中央一号文件提出："巩固和完善农村基本经营制度。坚持家庭经营基础性地位，赋予双层经营体制新的内涵。突出抓好家庭农场和农民合作社两类新型农业经营主体，启动家庭农场培育计划，开展农民合作社规范提升行动，深入推进示范合作社建设，建立健全支持家庭农场、农民合作社发展的政策体系和管理制度。"

一、新时代创新农村双层经营体制的核心

农村双层经营体制的内涵是将原来生产队的生产经营职能分解为两部分，一部分由农户家庭承包，一部分由集体承担。将原来的集中统一经营分为家庭分散经营和集体统一经营两个层次，有统有分，统分结合。能由家庭完成的事情尽量由家庭来完成，如果是农户办不了或者不愿办的事情，交由集体来办。集体仍然承担着一些农户家庭单家独户难以承担的经营管理职能，为农户的生产经营提供服务，管理集体的土地，并协助国家落实和监督完成生产任务。农民家庭成为生产经营的主体，占

有除土地之外的各种生产资料，独立从事生产经营，直接与市场发生关系，是农村中基本的生产和经营单位。这种把家庭承包引入集体经济的经营方式，既使农户有了生产经营自主权，又坚持了土地等基本生产资料公有制和必要的统一经营，形成统一经营和分散经营相结合的双层经营体制。

知识链接

双层经营体制

农村集体经济组织实行以家庭承包经营为基础、统分结合的双层经营体制，是我国宪法确立的农村集体经济组织的经营体制。长期稳定和不断完善以家庭承包经营为基础、统分结合的双层经营体制，是党在农村的基本政策。“双层经营”包含了两个经营层次：一是家庭分散经营层次，二是集体统一经营层次。40 多年来的农村改革的实践证明，实行家庭承包经营，符合生产关系要适应生产力发展要求的规律，使农户获得了充分的经营自主权，充分调动了亿万农民的生产积极性，极大地解放和发展了农村生产力。实现了我国农业的巨大发展和农村经济的全面繁荣，使广大农民的生活从温饱迈向小康。

（一）双层经营体制不断拓展的过程

农村双层经营体制是20世纪80年代初期农村全面推行家庭联产承包责任制后形成的经营制度形态，1991年，党的十三届八中全会通过了《中共中央关于进一步加强农业和农村工作的决定》，把这一体制表述为“统分结合的双层经营体制”，并明确了在家庭承包经营制度下农村集体经营存在的必要性。1999年版宪法第八条明确规定：“农村集体经济组织实行家庭承包经营为基础、统分结合的双层经营体制。”从而使这一制度具有法律效力。1998年10月召开的党的十五届三中全会指出：“长期稳定以家庭承包经营为基础、统分结合的双层经营体制。”2008年召开的党的十七届三中全会进一步拓展了双层经营中集体经营的内涵。由于大部分村集体经济无力行使生产层面上“统”的职能，宪法中规定的“统一经营”职能逐渐让渡给农民专业合作社、农业产业化龙头企业等经济组织。2013年11月召开的党的十八届三中全会把集体经营和合作经营、企业经营放在同一层面上，进一步拓展了双层经营的内涵。党的十九大报告再次提出“巩固和完善农村基本经营制度”，其基础应该建立在拓展之后的双层经营体制上面。

（二）抓好两类农业经营主体发展

“大国小农”是中国的国情。根据国家统计局公布的第三次农业普查数据，截至2016年年底，全国共有2.3亿农户，其中2.1亿农业经营户，平均每户承包不到8亩耕地，并被分成9块，每个地块不到1亩。自2008年以来，由于政策鼓励等多重因素，土地流转速度大大加快。2008年土地流转面积占家庭承包经营总面积的比例为8.9%，2009年达到12%，此后一路上升，到2016年年底土地流转总面积为4.71亿亩，占家庭承包经营总面积的 35.1%，形成 30 亩以上的大户 1052.1 万家，其中 50 亩以上的大户 356.6 万家。可见，小农户经营的总体状况没有得到根本改变。但实践证明，已经形成规模经济的家庭农场在农产品生产等方面正在发挥着重要的示范作用。部分家庭农场还能为一般农户提供一定水平的社会化服务，带动整体农业现代化水平的提升。已有研究证明，家庭农场的经营规模越大，拥有的农机具数量越多。农业机械化水平当然是衡量农业现代化水平的重要指标之一。当前，全国农民工总量已经接近 3 亿人，越来越多的家庭将会在城镇定居，土地流转和进一步集中将是不可阻挡的大趋势。因此，在政策上促进家庭农场的进一步发展，应该是创新双层经营体制的重要内容。

农民合作社是我国农业现代化进程中的中坚力量。我们在很多地区调研发现，具有一定经营规模的家庭农场自觉联合起来成立合作社，共同抵御市场风险。在全国已经在工商部门注册的 210 多万家合作社中，30% 以上为大户带动型，这些“大户”多为家庭农场。始于 20 世纪 90 年代中期的农业产业化政策，其基本模式是“公司 + 农户”，但运行过程中难以处理好企业和农户之间的利益关系，于是在二者之间加上了合作社这个中介组织，变成了“公司 + 合作社 + 农户”。因此，党的十八届三中全会提出的企业经营模式，其实质就是“企业 + 合作社”经营模式。随着农业专业化程度加深和分工细化，越来越多的生产环节分离出来成为农业社会化服务，而提供服务的经济组织主要是农民合作社。当前，全国范围内正在推行农村集体产权制度改革，其组织形式就是农村股份合作社，即把集体经营性资产量化到每个成员，成员参与合作社重大决策和盈余分配。因此，改革后的集体经营也就是合作社经营。可见，抓住了合作社这个新型经营主体，就是抓住了农业农村现代化的“牛鼻子”。综上所述，农民合作社和家庭农场是当前新型农业经营主体的核心，是创新双层经营体制的核心，也是实施党的十九大提出的乡村振兴战略、实现农业农村现代化最重要的主体，必须在政策上予以倾斜，促进其优先发展。

新型农业经营主体是农业现代化的引领力量，是发展农业适度规模经营、推进农业供给侧结构性改革和实施乡村振兴战略的重要载体。自党的十八大报告明确提出“培育新型农业经营主体”以来，在国家相关政策的支持和引导下，中国种养大户、家庭农场、农民合作社、农业产业化龙头企业等新型农业经营主体蓬勃发展。

（三）提高农业经营效率

40 多年前在安徽凤阳小岗村率先发起的农村改革，之后在政策上不断创新农村双层经营体制，其终极目标就是提高农业经营效率。从学理上看，衡量农业经营效率的指标很多，其中最主要的是两个，一是土地生产率，二是劳动生产率。土地生产率就是单位面积产量。中国是一个拥有近 14 亿人口的大国，可利用土地总面积只有 20 亿亩，其中灌溉面积只占 50%，因此，粮食需要大量进口。粮食不足，除了资源短缺外，单位面积产量低依然是一个重要因素。2013 年，中央农村工作会议指出：“我国是个人口众多的大国，解决好吃饭问题始终是治国理政的头等大事。”要确保中国人的饭碗任何时候都牢牢端在自己手上，中国人的饭碗应该主要装中国粮，必须坚持以我为主、立足国内、确保产能、适度进口、科技支撑的国家粮食安全战略，实现藏粮于地、藏粮于技，确保谷物基本自给、口粮绝对安全，这是习近平总书记对我国粮食安全作出的明确要求。在资源一定的前提下，实现习近平总书记提出的粮食发展目标就必须提高单产。如何提高粮食单产？除了科学技术进步外，主要应该依靠经营制度的创新。2016 年 4 月 25 日，习近平总书记在安徽凤阳小岗村主持召开农村改革座谈会时指出："新形势下深化农村改革，主线仍然是处理好农民和土地的关系。"最主要的政策，就是必须坚持和完善农村基本经营制度。大力发展农民合作社和家庭农场，就是在现行基本经营制度框架下的创新和完善。现阶段，劳动生产率主要表现为每个农村劳动力在一定时期内（通常为一年）的所得。按照世界银行统计的数据，中国单位劳动力的农业增加值为美国的 1%、加拿大的 0.99%、韩国的 3.2%。这当然和世界银行的统计口径及数据来源有关，但中国农业劳动生产率低是不争的事实。怎样才能提高劳动生产率呢？

第一，通过土地流转，实现规模化经营，能够提高土地生产率，由于使用的劳动力数量减少了，劳动生产率也大大提高了，如黑龙江省克山县仁发农机合作社，现有 2500 个农户入股土地 56000 亩，所有生产环节全部机械化，投入的劳动力数量不足原来的 1/10，并且把 2500 个家庭的劳动力从土地上解放出来，他们可以外出打工，也可以在合作社打工，获得两份收入。

第二，通过农业生产托管，为农业生产提供社会化服务，可以是全托管，也可以是半托管，可以大大降低农业生产成本，提高劳动生产率。如河南省荥阳市新田地种植专业合作社，入社农户 19000 户，土地 51000 亩。该合作社的特点是"生产在家，服务在社"，合作社提供"六统一"服务，即统一采购农资、统一测土配肥、统一选购良种、统一田间管理、统一机械收割、统一回收销售。2016 年，仅小麦一茬就为农民每亩节约农药、化肥、机耕等费用 111 元，由于高产和高价销售，每亩多收入 446 元。由于全程机械化操作，使用的劳动力很少，大大节省了劳动力，提高了劳动生产率。中国农业正处在一个新的转折点上，这就是从传统农业向现代农业的转变。由于劳动力大量向城镇和非农产业转移，农业发展必须应对新的机遇和挑战，这不仅需要技术创新，更需要经营制度创新。因此，必须按照习近平总书记所要求的那样，大力发展各类农民合作社和家庭农场，不断赋予农村双层经营新的内涵，在乡村振兴的大背景下，切实推进农业农村现代化。

二、抓好农民合作社

作为农民的合作经济组织，农民专业合作社应抢抓时代机遇，充分发挥自身优势，全力以赴真抓实干，为实施乡村振兴战略作出应有的贡献。必须做到以下“五个振兴”。

（一）发挥合作社纽带作用，促进乡村产业振兴

乡村要振兴，产业振兴是源头、是基础。当前，我国农业发展存在的主要问题是经营规模小、组织化程度低、服务体系不健全，生产端与日益升级的消费端之间的矛盾越来越凸显。针对这些问题，合作社应充分发挥在规模化经营、标准化生产、社会化服务等方面的优势，更好地促进乡村产业发展。

壮大合作社组织，引导农户合作经营。没有农民的组织化，就没有农业的现代化。在现代农业发展过程中，提高农民的组织化程度是各国走过的共同道路，如日本的农户加入农协的比率高达 90% 以上，欧美大多数的农场主根据业务需要加入了不同类型的合作社。目前，我国农民专业合作社数量虽然已达 200 多万家，但覆盖的农户不足 50%，而且合作社实力普遍不强、服务能力有限，远不能满足农民发展生产的需求。

今后，要继续积极引导更多的农民加入合作社，进一步提高农民的参与程度，通过合作实现规模经营。

要适应合作社发展需要，不断延伸产业链条。随着市场形势的变化和消费结构的升级，合作社的服务应立足当地资源禀赋，推进供给侧结构性改革，生产更加适销对路的产品，尤其要积极创造条件，发展农产品精深加工、创新流通方式、打造知名品牌。目前，有些合作社已经做了有益的探索，并取得了良好成效。

要适应市场消费需求，拓展农业多功能服务。随着生活水平的提高，人们对休闲观光农业的需求也在不断增长，有条件的合作社应顺势而为，利用生产基地，拓展农耕体验、文化娱乐、教育展示、休闲垂钓、住宿餐饮等服务。一方面为城里人提供休闲度假的好去处，另一方面丰富了农业生产内涵，拓宽了农民增收渠道。

（二）发挥合作社平台作用，促进人才振兴

“戏好要靠唱戏人”，推进乡村振兴伟大事业，关键在人才。乡村的产业要素要靠人才来聚，文化要靠人才来兴，生态要靠人才来美，组织要靠人才来强。合作社在推进乡村人才振兴进程中，具有集聚人才、培养人才、造就人才的载体价值，是乡村人才施展才华、发挥作用的重要平台。

要集聚乡土人才。合作社大多是乡村能人领办的，这个特点使得合作社很自然地成为“土专家”“田秀才”“新乡贤”发挥作用的重要平台。这些乡村能人在合作社中发挥着传、帮、带作用，帮助小农户对接大市场，实现规模化生产和经营。

要探索人才交流机制。合作社发展得好，科技力量不可少。目前绝

大多数合作社不具备长期聘请特定科研人才的条件和能力，合作社应学会借力发展，“不求所有，但求所用”，可以采取与高校、科研院所合作的方式，聘请科技人员定期或不定期地围绕合作社发展需要，开展专项研究或指导，帮助解决实际困难。

要创造条件引进专业人才。合作社事业不断发展，内部分工越来越细，对人才的要求也越来越高，引进专业人才是大势所趋。合作社应积极创造条件，引入职业经理人制度，采取专兼职相结合的灵活方式，在“留才”上用心用力，努力为人才提供良好的生活工作环境。各地应积极支持合作社引进人才，根据发展需要，出台相关扶持政策，优化人才发展“软环境”，探索建立健全人才激励机制，贴心为专家人才提供优质服务，让人才留得住、用得上。

要积极开展实用人才培训。合作社最了解农民的培训需求，对培训内容更有发言权，对培训效果的转化更为直接。合作社应按照“因业而异、分类培养”的原则，依托新型职业农民培育工程，整合各渠道培训资源，积极承担培训项目，开展各类实用人才培训活动。

（三）发挥合作社合作精神，促进乡村文化振兴

合作社不仅是经济组织，也是一种制度、一种文化。合作社倡导的团结互助、民主平等、诚信公开、社会责任和关心他人原则，与中国千百年来传承的传统文化和社会主义核心价值观内涵吻合、一脉相承。可以说，合作社在乡村文化振兴中大有可为。

要积极促进乡村诚信文化建设。合作社是依法设立的农民合作经济组织，讲诚信、重信誉、守合同，成员间相互帮助、相互监督，一荣俱荣、一损俱损，是利益共同体。合作社要发挥自身优势，立足农村社区、

嵌入乡土社会，基于地缘和亲缘关系，大力宣传合作社原则，促进农民群众信守合同，诚信经营。

要积极促进乡风文明建设。伴随着城市化进程加快，一些农村传统生活方式被打破，社会关系日趋疏远，乡村文化日渐荒芜。厚葬薄养、铺张攀比、离婚率攀高，有的乡村甚至出现黑恶势力。纠正乡风不文明现象需要大力弘扬传统文化和社会主义核心价值观。合作社提倡“人人为我，我为人人”，通过对成员的教育与引导，开展丰富多彩的文化活动，向村民传递诚实守信、互助合作、尊老爱幼的价值观念，丰富村民精神文化生活，弘扬传统文化，营造文明乡风、良好家风、淳朴民风。调研发现，合作社办得好的地方，往往也是社会和谐、经济发展良好的地方，这充分说明合作社在促进乡风文明方面发挥了重要作用。

要积极促进乡村文化设施建设。既要富口袋，更要富脑袋。合作社三产融合发展要依托当地文化特色，发掘传统文化内涵，把乡村文化设施建设融于生产经营活动之中，推动社会主义核心价值观落到农村基层、深入田间地头。要使成员从内心深处认可当地文化，主动发掘乡村文化内涵，争当宣传名片。近年来，随着合作社事业的发展，越来越多的合作社兴办承办农村文化设施。

（四）发展优质品牌农业，促进乡村生态振兴

乡村生态振兴的主体是农民，受益的主体也是农民。合作社应勇于承担保护农村生态的重要职责，以品牌建设为抓手，着力推动农业绿色发展。

要实行标准化生产，促进农业绿色发展。合作社要组织成员按照相关标准发展生产，尤其要增施有机肥，把长期过量使用的化肥减下来。大力发展生物防虫、物理防虫，把长期过量使用的农药减下来。着力发

展“三品一标”，夯实品牌农业质量根基。积极配合政府有关部门和社会化服务组织，建立健全农产品质量安全追溯体系。生产有了标准，监管有了手段，提高农产品质量就有了坚实的基础。

知识链接

三品一标

无公害农产品、绿色食品、有机农产品和农产品地理标志统称“三品一标”。“三品一标”是政府主导的安全优质农产品公共品牌，是当前和今后一个时期农产品生产消费的主导产品。纵观“三品一标”发展历程，虽有其各自产生的背景和发展基础，但都是农业发展进入新阶段的战略选择，是传统农业向现代农业转变的重要标志。

要加强乡村环境治理，促进农业绿色发展。作为农民的合作经济组织，关心社区、美化乡村环境、改善农村面貌是义不容辞的职责。因此，合作社推进农业现代化，打造农业品牌，必须与守护好农村田园风光、切实改善农村生态环境、建设美丽家园、构建“望得见山、看得见水、记得住乡愁、人与自然和谐共生、生产生活生态有机相融”的现代乡村新形态紧密结合起来。

要加强品牌营销，促进农业绿色发展。优质的农产品是在优质的生产环境中生产出来的。健康、环保、优质是农业品牌的应有之义。合作社加强品牌营销，是市场竞争的需要，也是一种自信和承诺。合作社必须高度重视绿色发展，赋予品牌更多的生态绿色内涵，积极引导消费者参与监督并逐步认同绿色品牌理念，愿意溢价购买。

知识链接

坚持和完善共建共治共享的社会治理制度，保持社会稳定、维护国家安全

社会治理是国家治理的重要方面。必须加强和创新社会治理，完善党委领导、政府负责、民主协商、社会协同、公众参与、法治保障、科技支撑的社会治理体系，建设人人有责、人人尽责、人人享有的社会治理共同体，确保人民安居乐业、社会安定有序，建设更高水平的平安中国。

（一）完善正确处理新形势下人民内部矛盾有效机制。坚持和发展新时代“枫桥经验”，畅通和规范群众诉求表达、利益协调、权益保障通道，完善信访制度，完善人民调解、行政调解、司法调解联动工作体系，健全社会心理服务体系和危机干预机制，完善社会矛盾纠纷多元预防调处化解综合机制，努力将矛盾化解在基层。

（二）完善社会治安防控体系。坚持专群结合、群防群治，提高社会治安立体化、法治化、专业化、智能化水平，形成问题联治、工作联动、平安联创的工作机制，提高预测预警预防各类风险能力，增强社会治安防控的整体性、协同性、精准性。

（三）健全公共安全体制机制。完善和落实安全生产责任和管理制度，建立公共安全隐患排查和安全预防控制体系。构建统一指

挥、专常兼备、反应灵敏、上下联动的应急管理体制，优化国家应急管理能力体系建设，提高防灾减灾救灾能力。加强和改进食品药品安全监管制度，保障人民身体健康和生命安全。

（四）构建基层社会治理新格局。完善群众参与基层社会治理的制度化渠道。健全党组织领导的自治、法治、德治相结合的城乡基层治理体系，健全社区管理和服务机制，推行网格化管理和服务，发挥群团组织、社会组织作用，发挥行业协会商会自律功能，实现政府治理和社会调节、居民自治良性互动，夯实基层社会治理基础。加快推进市域社会治理现代化。推动社会治理和服务重心向基层下移，把更多资源下沉到基层，更好提供精准化、精细化服务。注重发挥家庭家教家风在基层社会治理中的重要作用。加强边疆治理，推进兴边富民。

（五）完善国家安全体系。坚持总体国家安全观，统筹发展和安全，坚持人民安全、政治安全、国家利益至上有机统一。以人民安全为宗旨，以政治安全为根本，以经济安全为基础，以军事、科技、文化、社会安全为保障，健全国家安全体系，增强国家安全能力。完善集中统一、高效权威的国家安全领导体制，健全国家安全法律制度体系。加强国家安全人民防线建设，增强全民国家安全意识，建立健全国家安全风险研判、防控协同、防范化解机制。提高防范抵御国家安全风险能力，高度警惕、坚决防范和严厉打击敌对势力渗透、破坏、颠覆、分裂活动。

——《中共中央关于坚持和完善中国特色社会主义制度、推进国家治理体系和治理能力现代化若干重大问题的决定》

（五）加强合作社联合与合作，促进乡村组织振兴

推动乡村组织振兴，需要打造坚强的农村基层党组织，深化村民自治实践，发展农民合作经济组织，建立健全党委领导、政府负责、社会协同、公众参与、法治保障的现代乡村社会治理体系。

要加强党对合作社的领导。实现乡村振兴，关键在党。中央明确要求，农村在以建制村为主设置党组织的基础上，在农民专业合作社、专业协会等全面建立党组织。因此，符合条件的合作社和协会要积极建立党组织，抓好党的建设。据调查，目前在近 8000 家国家农民合作社示范社中，已有大约四分之一的合作社成立了党组织，发挥了党员的先锋模范作用。合作社要密切与村党支部、村委会、共青团、妇联等组织的联系，加强融合互动，共同推动乡村振兴。

要加强合作社的内部管理。合作社的力量源泉来自成员间的密切合作。合作社要真正发挥作用，增强凝聚力，关键是要加强内部管理，严格按照法律法规、章程、合作社原则运行，使成员感到合作社就是自己的家，愿意参与合作社的活动。成员组织起来了，无论是发展生产、培育文化还是建设和谐社区，都有了源源不断的活力。当前，从整体上看，合作社的运行质量还不高，需要不断加强管理、规范运行、充实合作内容，只有这样，合作社才有能力领着农民干、做给农民看、帮着农民赚，才能不断增强凝聚力和向心力。近年来，各地深入推进示范社创建行动，培育了一大批产业基础牢、服务能力强、产品质量优、民主管理好的示范社，树立了可学可比的标杆。

要加强合作社之间的联合。发展联合社是合作社持续稳定发展的必然结果。我国合作社数量多，但是普遍规模小、实力弱，竞争力不强，市场话语权不足，制约了合作社组织功能的发挥。近年来，随着市场经

济的发展，合作社寻求更高层次、更大范围的联合与合作的愿望更加迫切，合作社、联合社应运而生且呈稳步增长态势。截至2017年年底，全国成立了7200多家联合社，但这与合作社自身发展的愿望和市场需求还有一定差距，各地合作社应顺应时势，自愿、自下而上地开展联合与合作，逐步从村落的合作向区域的合作乃至全国性的合作发展，充分发挥合作与联合的优势，推动现代农业发展，助力乡村振兴。

典型案例

四川省乐山市加强引导　助力农业专业合作社做强做大

（一）加强监管规范，及时改进配套服务。对农民专业合作社实行归口管理，农、林、供、水、市场监管等部门多方配合，加大对合作社的管理服务。严格合作社创立条件审查，对合作社章程、管理制度、议事程序等实施监管。目前，正在开展“空壳社”的清理、注销、整顿，逐步推动合作社规范化发展。

（二）突破区域界限，引导组建合作联社。在全市动员合作社主动突破社区界限、专业界限，选择适合自己发展的合作发展模式。一是选择资源优势互补模式。比如，“电商＋合作社”，遴选优秀的电商（最好是本土电商），跨区域选择合作社成立联合社，扬长避短，追求效益最大化。二是专业化＋专业化联合模式。鼓励不同区县、不同乡镇，同种品类的合作社，组成联合社，抱团取暖，共享信息、共享技术人才、共享技术、共享设备、共享市场、共享产品质量追溯系统等资源，提升针对销售市场和农资供应市场的谈判能力，区域合作，互利共赢。三是强强联合模式。先将合作社进行联合，然后再和农产品加工龙头、农产品销售龙头等合作，达到“良好生产＋精细加工＋完美包装＋产品＋精准营销＝完美品牌”的效果，在一个产业链上，完善各个环节，达到共赢。

（三）创建区域品牌，努力延伸产业链条。鼓励各县（市、区）立足当地主导产业和特色产品，改变一段时间以来推崇的“一村一品”“一乡一品”，将主品牌提升到一县一品和一市一品，按照行业相似、地域就近、环节互补的原则，鼓励合作社与龙头企业“联姻结亲”创建统一的区域品牌，打造具有完整产业链的产业基地和产业集群。提高商品化标准化生产水平，合力加强区域品牌宣传推广，以统一的品牌、包装、渠道和价格“组团走出去”，通过品牌影响力提高产品附加值。

（来源：四川省农业农村厅网 2019 年 8 月 20 日）

三、做好家庭农场

当前家庭农场在蓬勃发展的同时也面临着不少问题，如土地流转难、贷款困难、人工成本过高、农场主素质不高、粮食生产比例过低、农场经营后继乏人、农场经营风险问题等。这些问题有些只是表象，不能就事论事简单分析，而必须深入问题的背后，探寻问题的实质。

（一）制约家庭农场发展的主要问题

权属不清制约了家庭农场的发展。由于家庭农场的土地涉及村集体（拥有所有权）、村民（拥有承包权）、经营者（拥有经营权）三个“权利人”，这三个“权利人”构成了家庭农场利益关系的主要方面。因而，要想家庭农场健康发展，必须理顺三者关系，在“三权分置”的基础上，把握好“三权”利益平衡，这样才能扫清家庭农场发展的障碍。当前农村土地“三权”权属纠葛不清对家庭农场的影响主要有以下几个方面。

1. 农村集体土地所有权缺位或者越位影响了家庭农场的发展

现在有些地方农村集体土地所有权表现不明显，所导致的问题是集体不能发挥积极作用。不少家庭农场主反映他们在土地流转时需要与农户一家一家地去谈判，费时费力，而且有时由于缺乏统一标准，也带来了不少矛盾。由于缺乏集体的组织，导致基础设施建设，如灌溉设施、道路建设无人牵头负责。部分集体组织在维护土地所有者的权益上不作为，导致一些损害土地所有者权益的现象时有发生，如随意在基本农田上开挖鱼池、随意在土地上建设附着物等。至于大力发展集体经济、组织农民发展现代农业、积极开拓市场就更不用说了。这些都是集体土地所有权缺位的表现。还有越位的问题，如在一些城郊地区，由于土地级差地租较高，一些村集体感觉有利可图，又过分强调土地的所有权而忽视农民的土地承包权，出现侵犯农民的合法权益的问题。

2. 农民土地承包权缺乏可靠预期影响了农民土地长期流转积极性

我们在各地的调研中发现，家庭农场主普遍担心农户流转土地到期或者农户违约收回土地。家庭农场主往往在土地上已经进行了很大的投入，如果流转土地到期农户收回土地，他们将损失巨大。如果农户要毁约收回土地，他们也没有办法。不愿签订长期合同，有多方面的原因，一是对土地的长远预期不明朗，担心由于政策原因收益增大，自己签了长期合同会吃亏；二是由于农村社会保障体系尚不完善，而土地具有社会保障的功能；三是一些外出打工的农民对于自己能否融入城市信心不足，致使他们不愿长期流转土地断掉自己的后路。

3. 农场主对土地经营权的预期不足助长了短期行为

由于担心农户收回土地，使得一些农场主不敢在土地上投入过多，比如不敢买大型的农机具，不敢在大棚、固定设施上投入过多，不愿意子女跟随自己从事农场经营等。

总之，土地所有权、承包权、经营权关系导致了家庭农场运作的主要矛盾，要维系三者之间的平衡关系关键在于平衡三者之间的利益。如果过分强调土地承包权长久不变，或进而鼓噪农地私有化，必将导致农村集体经济名存实亡，村集体无法有效调整和利用土地，土地撂荒和流转难就难以解决，家庭农场发展也将因缺乏主导力量而受限。虽然强调土地集体所有，但如果不尊重农民意愿，保障农民的利益，强迫农民离开土地，必然会导致矛盾丛生，家庭农场发展也会困难重重；同样，家庭农场经营权如果得不到切实保障，必然不利于稳定经营者的预期，其长期投入与经营的积极性也会受到影响。

（1）过分重视家庭农场发展可能损害小农户的利益。现在各地都非常重视规模经营，一些经营大户被当地政府树立为典型，并在政策上优先照顾。一些农业公司进入农村后被尊为座上宾，然而，传统的小农户经营却被视为落后的事物，被进一步边缘化。具体表现为以下几个方面。

一是个体农户被家庭农场主挤压，导致农村新的不公平现象的产生。在不少地区随着家庭农场等新型农业经营主体的发展，传统农户由于不具备规模优势，效益不佳，最后干脆把土地流转给农业大户，放弃农业经营。不少农户流转出土地后进入家庭农场成为雇工，而一些农户把土地流转给大户后，就拿一点租金和补贴，也不从事劳动，整天打麻将。放弃劳动，无所事事，这对于从事了一辈子农业生产的农民来说是一种悲哀。村民社会地位的改变，对农村的社会发展稳定也很难说是一件好事。

二是一些地区对家庭农场准入限制了其他农户的发展机会。由于经营家庭农场风险小、回报丰厚，愿意竞争上岗的农户非常多，同是一村人，有的人能上，有的人无奈出去打工或者帮其他农场主做工，难免会有怨言。村委会压力很大。不少家庭农场主也担心土地所有者“眼红”，以后会随时“要回土地”。如果过分追求效率而忽略公平，可能会带来新的矛盾。

三是发展家庭农场并不必然带来政府希望的结果和效率。各地发展家庭农场最初主要目的是保障粮食安全，防止抛荒。其一，一些家庭农场主并不热衷于种粮；其二，即使种粮其产量也并不如个体农户。习近平总书记指出“创新农业经营体系，不能忽视了普通农户”，因为“普通农户毕竟占大多数”。所以在发展家庭农场时，怎样平衡普通农户与家庭农场的利益关系，是一个需要重视的问题。

（2）片面推进家庭农场忽略了统筹城乡发展不足的制约效应。当前各地家庭农场发展中存在的主要问题往往不能就事论事去解决，也不能单从农村出发去解决，而应该从全局的角度、城乡统筹发展的高度去解决。无论是“老三农”问题（农业、农村、农民），还是“新三农”问题（农地流转、农民工、农地非农用），都需要统筹考虑、平衡推进，家庭农场作为问题的一个方面，更不可能做到单兵突进，同样需要在协调各方关系的基础上，解决一些深层次的问题。

一是农业劳动力城市转移不足制约了家庭农场的规模扩张。越是农业劳动力城市转移充分的地方，家庭农场发展得越好。以宁波慈溪为例，2013 年全市从事农业的劳动力为 10.26 万人，务农劳动力占总农村劳动力比重从 1988 年的 56% 下降到只有 10% 左右。农村劳动力不断向非农产业转移，从而为土地流转腾出了空间，为发展规模经营、家庭农场奠定了基础。而在一些劳动力转移不充分的地区，由于还存在着大量的农业就业人口，必然无法扩大家庭农场的规模。

二是农户土地承包权稳定性不足成为外出务工农民流转土地的顾虑。当前不少在城市务工的农民虽然已经在城市实现了稳定就业，有的甚至实现了全家外迁，但是他们并不愿意放弃土地，只是暂时把土地委托给别人耕种，而不愿意长期流转。由于他们不能确定是自己的，他们担心随着户籍的变动，会失去土地。从这种意义上说，如果土地没有确权，没有给城市务工或定居的农民一颗定心丸，他们必然不放心长期稳定地流转土地。

三是外出务工农民在城市社会保障不足迫使他们倾向于保留土地的保障功能。从事出租车行业、个体服务业、建筑业的外出务工农民几乎都没有办理养老、医疗等社会保障。另外，多数外出务工农民在城市没有住房，“无恒产者无恒心”，他们并不把打工地当家，一般都认为自己迟早要回老家的，因此，他们一般都把农村的土地作为最后的保障，绝对不会轻易长期流转，有的宁可长期荒芜，也不愿意流转出去。

所以说，如果一地的农业劳动力没有实现充分的非农就业，外出务工农民土地承包经营权权属没有明确而可靠的预期、在城市没有完善的社会保障，必然很难为家庭农场的发展提供前提条件。

（二）完善对家庭农场扶持政策的建议

家庭农场以家庭成员为主要劳动力，以家庭为基本经营单元，从事农业规模化、标准化、集约化生产经营，是现代农业的主要经营方式。党的十八大以来，各地区各部门按照党中央、国务院决策部署，积极引导扶持农林牧渔等各类家庭农场发展，取得了初步成效，但家庭农场仍处于起步发展阶段，发展质量不高、带动能力不强，还面临政策体系不健全、管理制度不规范、服务体系不完善等问题。《关于实施家庭农场培育计划的指导意见》对加快培育发展家庭农场作出总体部署，明确提出："到2020年，支持家庭农场发展的政策体系基本建立，管理制度更加健全，指导服务机制逐步完善，家庭农场数量稳步提升，经营管理更加规范，经营产业更加多元，发展模式更加多样。到2022年，支持家庭农场发展的政策体系和管理制度进一步完善，家庭农场生产经营能力和带动能力得到巩固提升。"

妥善把握好政府与市场、社会的均衡关系。各地政府应充分认识到发展家庭农场是一个长期、渐进的过程，切不可急躁冒进、人为推动。家庭农场一般是自发形成的，政府要做的是因势利导的工作。即使有较多的顶层设计的成分，但那也是在天时、地利、人和的特定条件下启动的。因此，不可过分依赖政府对家庭农场等新型经营主体的动员能力，以防止出现重大失误。

充分认识到中国农村人多地少的国情的长期存在，要合理控制家庭农场的规模。要认识到即使在中国城镇化率达到85%以上的情况下，中国农村人口还有2亿人左右，每家农户户均耕地只有30~40亩，因此不能盲目贪大，要防止人为归大户、垒大堆情况的发生。

充分发挥家庭农场的市场主体地位，政府做好扶持和引导工作。政府对家庭农场发展介入程度不可过深，不可代农户做主，"把选择权交给农民，由农民选择而不是代替农民选择，不搞强迫命令、不刮风、不一刀切"。政府的作用主要体现在要为家庭农场的发展创造宽松的政策环境，要转变政府职能，为市场保驾护航。

充分发挥政府的引导作用，鼓励家庭农场投入粮食生产。市场也有失灵的领域，在沿海发达地区，家庭农场主出于经营效益的考虑，往往会从事效益较高的农产品的种植，而对粮食的生产不太热衷。政府应该用市场的方法积极引导家庭农场从事粮食的生产，在条件许可的地方，可以考虑通过增加补贴的方式来鼓励农民种粮。从国家层面上，如何让真正种粮的人拿到补贴，也是一个需要考虑到的制度设计，在原有补贴不变的基础上，新增补贴可以考虑在售粮环节发放。

充分发挥社会的自治功能，支持家庭农场协会等专业协会的发展。家庭农场协会在会员之间互通信息、生产协作、担保融资等方面都发挥了较好的纽带作用。政府应尽量创造条件，为家庭农场之间的合作搭建平台，促成其社会作用的发挥。

充分调动各方积极性，积极解决融资难的问题。可以通过由政府设置"家庭农场发展基金"、成立小额"信用担保公司"，推动家庭农场之间的信用联保，探索土地流转经营权证抵押，农业基础设施、大型农机具、农业订单抵押，支持家庭农场协会牵头融资等形式，广开渠道，为家庭农场的发展提供金融保障。鼓励互联网金融开展惠农金融服务，相关政府部门可与相关有实力的 P2P 网贷平台合作，支持家庭农场从平台融资。

充分履行好政府对家庭农场的监管职能，引导家庭农场合法经营。在食品安全、农地依法使用等领域应充分发挥监管作用。

充分发挥政府的服务职能，建立完善的社会化服务体系。农业经营风险很大，如果没有完善的社会化服务体系做支撑，单靠家庭农场主的一己之力，很难控制成本、降低风险。政府应该为社会化服务体系的建立加大投入，建立一个涵盖良种繁殖、农资配送、烘干销售、农技指导、气象信息等方面的专业化服务体系，以降低家庭农场的经营成本和风险。

妥善处置“三权”利益关系均衡。充分合理有效地行使集体土地所有权，支持家庭农场发展。村集体作为土地所有权人，在家庭农场发展中既不能缺位也不能越位。在土地流转环节应发挥村集体的中介和核心作用，鼓励由村集体出面，经流出户正式委托与流入户签订合同，保障双方的权益，减少矛盾和纠纷。充分发挥村集体在产业导向、市场营销方面的整合作用，引导家庭农场的联合与协作。充分发挥村集体作为产权人的监管职能，防止土地违规使用。同时，也要防止村集体以所有人的名义侵犯承包人和经营权行使人的利益。

切实维护流出户的土地承包权，充分照顾他们的核心关切。不可为了促进家庭农场发展而忽略土地流出户的利益。一是要抓紧土地的确权工作，明确农户的土地承包权，消除农民的顾虑；二是探索土地租金的调整机制，照顾流转双方的利益，鼓励、推广以实物折价的方式计算租金。探索将集体资产以股份化的形式量化落实到每个农户，使得农户可以安心将土地流转。

加强对家庭农场经营者的土地经营权的维护，保障经营者的合法权益。引导流转双方签订正式合同，及时调解流转双方的矛盾纠纷，维护家庭农场主的合法权益。有条件的地方可探索为家庭农场提供相应补贴，调动家庭农场主的经营积极性。

妥善把握家庭农场的发展与统筹城乡发展关系的均衡。充分认识到推进城乡的统筹发展的重要意义。就事论事无助于家庭农场的一些深层次矛盾的解决，家庭农场发展中的许多问题“表现在农村，根子却在城市”，只有切实解决 2.6 亿城市务工农民在城市的社会保障问题，让他们真正实现“人的城镇化”，困扰家庭农场发展的许多问题才会迎刃而解。

完善农业补贴的投向，将对城市务工农民的投入纳入“三农”投入范围。新时期以来我国对“三农”的投入越来越大，总体来说，广大农民是欢迎的。不过也听到了不少抱怨，比如补贴“撒胡椒面”问题、“平均主义”问题、“种田的拿不到补贴、不种田的却拿到补贴问题”等。特别需要关注的问题是：“三农”投入总是就农村论“三农”，没有充分意识到，由于2.6亿青壮劳动力已经流入城镇，如果忽略对这一方面的投入，就犹如“刻舟求剑”，“三农”问题的投入就会迷失方向。因此，笔者建议，原有“三农”投入存量方向保持不变，新增部分除了集中财力解决农村的一些基础设施建设、提高农民的社会保障水平的问题之外，留出一个较大比例，用以逐步解决农民工在城市的融入问题。

明确宣示不论农民工户籍是否转移，原有土地权益长久不变。现在，很多农民已经在城市实现了稳定就业，之所以不敢转户口，主要是担心土地会被收走，这已经成为实现真正城镇化的障碍。为了消除顾虑，除了土地确权让农民安心之外，还应该以立法或其他明确的方式保障城市转移农民的土地权益。积极推动农村集体产权制度改革，逐步实现农村产权与户籍的分离，为城乡居民双向自由流动创造条件。

重点解决农民工在城市的住房、子女教育、养老保险等影响城乡统筹发展的关键问题。应抓住当前中国经济进入新常态、城市劳动力供应不足、房地产发展受困的有利时机，加大中央财政的投入，发挥中央和地方政府的两个积极性，合理分摊成本，努力解决农民工的安居问题、子女教育问题。不少农民工随着工资收入的提高、房价的下滑，开始有了在城市买房的意愿。如能通过贴息、补贴、购房优惠、企业资助（企业的投入可以抵税）等形式对农民工购房予以支持，不仅可以刺激内需提供长久动力，而且可以有效地推进城镇化的进程，促进城乡统筹发展，最终可以解决家庭农场发展中的一些诸如土地流转困难等深层次的问题。

典型案例

宜昌市成祥养羊专业合作社

一、合作社基本情况

湖北省宜昌市成祥养羊专业合作社2009年11月在工商部门注册登记，注册资金500万元。合作社现有社员620人，网络肉羊养殖农户2200多户，养殖规模达4.2万只，年出栏肉羊2.1万只，年经营收入实现4200万元。2011—2016年合作社实施的“养羊扶贫整村推进工程”，重点针对贫困农户发展农民养羊，帮助三个村500多户农民实现户均纯收入2.86万元。

二、合作社成立的背景、动因和发展历程

（一）成立背景和动因

一名40岁的普通农村女党员，她放弃酒店工作、卖房、借钱创业，创办了成祥养羊专业合作社，带动父老乡亲一起发家致富，她就是全国劳动模范、成祥养羊专业合作社理事长李红艳。

高中毕业后，李红艳在一家酒店当服务员，后升任前厅主管，丈夫为酒店的厨师长。2007年，宜昌流行吃“烤全羊”，有一次客人预定了好几只羊，走了七八十里路却只买到了两只，李红艳很懊恼，同时萌生了自己养羊的想法，丈夫拥有烤全羊的手艺，何不自己也做这样的生意？想到就做，当年李红艳辞去工作，回老家踏上了自己的创业路。创业之初，她把羊养在一个吃水靠挑、交通靠走、通讯靠吼的穷山沟里。最惨的是2007年年底，罕见的冰雪天气袭来，羊舍周围用来挡风遮雨的塑料膜被吹走，羊群的口粮也断了。为了给羊群弄草吃，李红艳和丈夫每天一大早踏着厚厚的冰

雪出门，满山寻找绿草，每次回来时，裤子都被冻成了冰块。这倒不算什么，让她更痛心的是，由于羊多草少，把草放到圈里后，羊群一哄而上，几只小羊竟被踩死了，李红艳当时那个心疼啊，只有掉眼泪。下雪天，她白天割草，晚上还要给羊群生火取暖。那段日子，李红艳几乎没合过眼。尽管悉心照料，但风雪过后，95 只羊中还是死掉了 40 只。看着死去的羊，她欲哭无泪。痛定思痛，她咬牙开始苦学养殖技术，并在 2008 年上半年东拼西凑，凑了 20 万元，购买了 28 只纯种波尔山羊种羊和 160 只宜昌白山羊，跌倒后重新来过。通过努力，她和丈夫两个人养羊竟赚了 10 万元，周边的很多乡亲来向她取经，她当时的想法很简单，希望乡亲们也能够通过养羊致富，于是她开始着手发动乡亲们同她一起养羊，这才有了成立养羊合作社的想法。

2009 年 9 月，她卖掉房子，从广东引进股东，筹资 210 万元，在黄花镇军田坝村办起了宜昌第一个羊肉加工厂。第一次试加工，70 只羊被送进烟熏房熏制，全封闭两天两夜后打开熏房门，一股臭味扑面而来。“完了，10 来万元扔进了沼气池。”她再次尝到失败的苦果。越挫越勇，李红艳未言放弃。几经尝试才获得成功，加工厂效益逐渐好转。李红艳说：“那时就想着，只要坚持着，一定能闯出一条路来。”

（二）发展历程

为实现羊肉食品从“冬令食品”向“四季食品”的转型、从一般性“家常食品”向“品牌农产品”的转型，合作社在大力发展上游养殖社员的同时，不断延伸精深加工业，积极拓展销售市场。一方面，大力开展招商引资，依托合作社注册成立宜昌老高荒生态农业有限公司，投资200多万元兴建了一条山羊屠宰加工生产线，开设了一家全羊宴主题餐厅，开发和生产冷鲜羊肉、礼品羊肉、休闲羊肉食品、羊肉汤等；另一方面，着力打造山羊产品品牌，先后完成了宜昌白山羊农产品地理标志认证，注册了“老高荒”“名羊天下”两个商标。公司与宜昌、武汉、上海等地的10多家大型超市、旅游商品购物中心分别签订了供货协议，实现了冷鲜羊肉产品直销直供。俗话说：“民以食为天，食以安为先。”李红艳深知，合作社经营靠诚信，而产品质量是诚信之本。作为一个共产党员经营的合作社，在确保产品质量上更是有着义不容辞的社会责任。

在合作社成立之初，她就把产品质量放在首位，严格按照绿色食品养殖规程进行肉羊养殖，组织制定了《宜昌白山羊地方标准》，实行“基地—车间—餐桌”全流程监控，还投资建立了饲养投入品记录、防疫日志、快速尿检、羊肉产品自检系统等，实现了质量安全可追溯，使整个“产业链”做到了安全“无事故”。

这些年，凭着念好“以质取胜”这本“经”，合作社先后取得了绿色食品认证和宜昌白山羊地理标识认证，建立了农产品质量安全全程可追溯体系，成为湖南全省畜牧业中唯一同时拥有农业部颁发两大证书的专业合作社，并制作了形象宣传专题片、企业形象画册、建设微商平台和企业门户网站，实现线上线下营销。合作社被评为“湖北省消费者满意单位”，“老高荒”被评为沪宜农超对接展销会“最具影响力农产品品牌”，“山楂树下的草、老高荒上的羊”成为宜昌人耳熟能详的广告语。2015年“老高荒”宜昌白山羊成功入选农业部百家合作社百个农产品品牌，宜昌白山羊品牌价值评估176.78亿元。为了延伸产业链、增加农民收入，2016年李红艳成立了羊肉食品的研发团队，增加羊肉熟食生产线，是合作社2016年的重点工作之一。在枝江工业园区租赁了面积1000多平方米的厂房。组织了多名专业羊肉加工技师，在深入挖掘民间烹饪工艺的基础上，结合外出考察学习，对羊肉熟食进行了系统的开发，形成了自成品系的特色羊肉食品。同时，聘请专业品牌策划公司，从羊文化、羊生态、羊餐饮历史、羊肉罐头及羊肉休闲食品工艺等方面进行了全面宣传与营销。

羊肉罐头及羊肉休闲食品面市以来，合作社实现销售收入近百万元。受广大美食爱好者的充分肯定，老高荒宜昌白山羊羊肉被顾客誉为宜昌地域著名品牌美食的又一新招牌。

延伸阅读

1.《中共中央关于坚持和完善中国特色社会主义制度、推进国家治理体系和治理能力现代化若干重大问题的决定》，人民出版社2019年版。

2. 韩长赋:《行走阡陌 振兴乡村：农业农村部2018年“百乡万户调查”活动60个村实录》，中国农业出版社2018年版。

深度思考

1. 如何理解新时代创新农村双层经营体制?

2. 农民合作社如何实现“五个振兴”?

3. 如何做好家庭农场?

第五章

积极拓宽农民就业渠道，增加农民收入

只有拓宽增收渠道，切实增加农民收入，让广大农民平等参与现代化进程，共同分享现代化成果，才能确保打赢脱贫攻坚战，确保到2020年全面建成小康社会。因此，党的十九大报告指出："支持和鼓励农民就业创业，拓宽增收渠道。"

一、拓宽农民非农就业渠道

解决农民的非农就业问题，必须通过全面推进工业化、城市化，大力发展第三产业，在加快发展中不断创造新的工作岗位。

（一）增加农民在工业企业就业的数量

扩大农民在工业领域就业，首要一条是必须新上一批工业企业，并且扶持这些企业不断发展壮大。围绕解决农民非农就业的问题，在工业化过程中要突出抓好两件事情。一是正确处理发展高新技术产业和传统产业、资本技术密集型产业、劳动密集型产业的关系，高度重视引进劳动密集型企业到农村落户。各级政府要把引进劳动密集型企业作为招商引资工作的重中之重，并将引进劳动密集型企业的成效作为对乡镇政府目标考核的硬性指标，以此调动各方积极性，增强责任感。同时，在国家政策允许的范围内，给劳动密集型企业提供最优惠的政策，扶持它们发展壮大，使其在解决农民非农就业问题上发挥更大作用。二是加大对乡镇企业尤其是传统工业的改造力度，提升企业效益，提高农民收入水平。乡镇企业由于规模小、科技含量低、市场竞争力弱，导致开工不足、生产效益差，因而农民的务工收入较低。农民务工较之城镇居民务工，不仅有因农误工的影响，而且在劳保福利等方面存在较大差距。同样是进企业务工，但农民收入明显低于城镇居民。因此，在推进工业化过程中，要扶持乡镇企业加大技改力度，增强产业市场竞争力。通过企业提高效益，使农民务工收入也随之增加。

（二）鼓励农民在城市定居，由农民变市民

城市化对农民增收的作用，不仅在于城市的市场、技术、人才、资金、信息等因素对农业生产的促进作用，更在于它为农民提供了大量的非农就业岗位。一些城市郊区农民收入相对较高，在很大程度上得益于城区的建设和发展对于解决农民就业所起到的巨大的支撑作用。围绕解决农民非农就业的问题，在城市化进程中要重点抓好三件事情。一是全方位推进新区开发和老城改造，在城市建设中为广大农民提供大量就业岗位。二是努力实现新建城区由“造城”向“造市”转变。实现由“造城”向“造市”转变的关键是吸引和聚集人口。精心培育市场，做旺人气，使新城区赶上甚至超过老城区，就可以使之成为提供新的就业岗位最重要的“蓄水池”。三是积极吸纳农民，使其变市民。由于大多数农民进城务工属于半工半农性质，这既不利于增加农业收入，也不利于增加非农业收入。因此，必须采取各种措施吸引进城务工的农民在城市定居下来，由农民变市民，从而根本性地解决就业和增收的问题，随着农民数量的减少，留在农村的农民拥有更多的土地，也可以在规模种养中实现大幅增收。

（三）使第三产业成为安置农村富余劳动力的主导产业

第三产业与第二产业相比，投入小、效益高，可容纳的劳动力较多。在发达国家，第三产业在国民经济中的比重往往比第二、第一产业的比重更高，第三产业安置的劳动力也比第二、第一产业安置的劳动力多。因此，大力发展第三产业是增加非农就业岗位的有效途径。围绕解决农民非农就业的问题，在发展第三产业的过程中，要注重抓好两件事情。一是大力发展城市服务业。目前，城市服务业就业相对饱和，为使其成为农民进城务工的重要渠道，必须千方百计在饮食、商品批零经营等传统服务业中开发出新的就业岗位。同时，大力发展家政服务、社区服务、娱乐休闲服务等新兴服务业。二是因地制宜发展特色产业。第三产业门类众多，可以紧紧结合当地自身实际，充分发挥自然资源或文化资源优势，发展具有竞争力的特色产业。将旅游业做大做强，可以为农民非农就业拓展出一片新的空间。

二、发展乡镇企业

全面建成小康社会，难点在农村，重点在农民，核心在增收，关键在就业。发展乡镇企业的实质就是农民主要依靠自己的力量，发展农村二三产业，实现就业、增收和富裕，这是一个非常生动的过程。乡镇企业就其转移农村劳动力的功能来说，是把农民富余人口不生产的消费变为能生产的消费，因之增加了经济总量，继而推动农村经济增长与就业结构变化，它所产生的作用和作出的贡献是巨大的。在中国这样一个农民占绝大多数的发展中国家要实现工业化、城镇化和现代化，必须大力发展乡镇企业。发展乡镇企业是中国政府立足国情、顺应民意、遵循规律作出的重大决策，是我国经济社会发展的一项重大战略，是一个必须长期坚持的根本方针。在新时代新形势下，乡镇企业在全面建成小康社会和全面促进农村就业中具有更加突出的战略地位，必将发挥更加积极的重要作用。

（一）乡镇企业促进农村就业的优势

乡镇企业仍是吸纳农村富余劳动力的主要载体。虽然乡镇企业增加就业的能力明显下降，但这并不意味着就没有潜力了。随着我国扩大内需和出口政策的实施，国有企业战略性调整和农业产业化经营推进等都给乡镇企业发展带来了契机，也给吸纳更多的富余劳动力提供了空间。

乡镇企业将成为新增农村就业的主角。乡镇企业中将涌现出一大批支柱产业、优势行业、重点企业和名牌产品。在大力发展资金、技术密集型产业的同时，劳动密集型产业、第三产业和农副产品加工业仍有很大的发展空间。即使是发展资金、技术密集型产业，也将鼓励其在某些工段多安排劳动力，让劳动替代资本。乡镇企业要坚持走新型工业化道路，通过提高整体素质、运行质量和经济效益，为农民就业创造更多的机会。

乡镇企业和小城镇结合将成为吸纳农村富余劳动力的主体力量。今后在一个相当长的时期内，我国将加快城镇化进程，而小城镇的主体产业仍将是产权主体不同的乡镇企业。通过乡镇企业与城镇化“捆绑式”联动发展，克服乡镇企业布局分散、低水平重复建设的缺陷，促进乡镇企业集中布局，增强其辐射功能，带动城镇第三产业发展，从而为吸纳更多的富余劳动力开辟广阔的领域。

乡镇企业中的中小企业、混合经济和私有经济将更多地安排农村劳动力。乡镇企业是以中小企业为主的经济群体，在促进农民转移就业中有着得天独厚的条件。其中，主要是混合经济和私有经济，随着国有经济战略性调整和国有企业改制的发展，随着集体经济产权关系的明晰、现代产权制度的建立和完善，95% 以上的集体企业将转向混合所有制经济和私有经济，加上原有的私有企业，安排农村富余劳动力将达到 80% 以上。

中西部乡镇企业将发挥更加重要的作用。国家西部大开发战略为西部乡镇企业发展开辟了广阔前景。目前中央正在加大政策扶持力度，鼓励和支持东部地区和城市企业到中西部地区投资办企业，开展东西合作。通过东西合作兴办的乡镇企业将成为中西部地区新的经济增长点和安排富余劳动力的重要场所。

（二）发展乡镇企业，实现全面小康

发展乡镇企业，促进农村就业，事关全面建成小康社会目标的实现和我国经济社会发展的全局。必须从全局和战略的高度重视和支持乡镇企业的发展，采取更加有效的措施，促进农村富余劳动力就业。

1. 为乡镇企业创造相对宽松的政策环境

具体包括：在融资、信贷、税收、土地、社会保障等各方面给予政策扶持，拓宽乡镇企业的融资渠道；支持有条件的乡镇企业上市；打破所有制壁垒，给予乡企与国企同等的出口自由；提供有效而及时的信息服务；尽快落实对乡镇企业出口退税和各种抵、退、免（税）政策，确保税负均平；制止“三乱”现象，减轻企业负担，为乡镇企业的休养生息和全面发展创造良好的外部环境。

2. 大力发展职业技术教育

各级政府要大力发展职业技术教育，实施农民就业的专项培训计划，提高农村劳动力素质。要建立完善“先培训、后就业”和企业员工培训制度，通过职业学校、短期培训班、民间办学等多种途径，大规模培训农村青年。加强职业技能鉴定工作，为乡镇企业有效就业提供后备资源，增强农村劳动力的就业能力。企业更要重视人才特别是技术人才和管理人才的引进和培养，造就一支适应现代企业制度的企业家队伍。

3. 调整乡镇企业的产业结构和产业发展方向

强化与农业的产业联系，最大限度地发挥农村资源优势应是乡镇企业未来产业结构变化的重点。乡镇企业一方面要抓住机遇，大力发展具有国际竞争力的农产品加工业，通过对农产品的深加工、精加工，提高产品的附加值，延长农业产业链，拓展国际农产品市场，扩大生产经营规模，扩大就业；另一方面要把与农业紧密相关的第三产业作为自己发展的重要方向，特别是直接为农业提供社会化服务的第三产业。此外，根据我国国情，乡镇企业应避免走资本密集、排斥劳动力就业的工业化技术路线，大力发展劳动密集型产业，有选择地发展某些资本密集型产业，以保持其作为最主要的吸纳农村富余劳动力的就业源功能。

4. 加快乡镇企业向小城镇转移

小城镇是乡镇企业的物质载体，乡镇企业是小城镇建设的技术基础和经济支撑。随着乡镇企业向小城镇的集中，必然伴随着人口和生产要素的集中，促进小城镇集聚规模化，使小城镇成为农村经济增长的中心，带动第三产业的发展，从而为农民提供大量新的就业机会。为此各级政府要切实采取政策倾斜，科学规划城镇建设，降低乡企入镇的“门槛”；改革户籍制度，为农民进入城镇提供户籍便利；在坚持依法、自愿、有偿的原则下，实行更加灵活的土地流转制度，为农民入镇扫清障碍；建立和完善教育、卫生、社会保障体系，解除农民入镇的后顾之忧；实施有利于乡镇企业集中发展的产业政策等。

三、鼓励农民就业创业，多渠道增加农民收入

富民增收，是全面建成小康社会的基本要求，也是建成富强民主文明和谐美丽的社会主义现代化强国的重要途径。近年来，国家、省、市、县对如何提高居民收入、增进民生福祉，提出了一些新思路、新要求，积极促进农业稳定发展和农民持续增收，切实增加老百姓的收入，让居民的平均生活水平得到显著提升，让老百姓生活无忧。

（一）就地转移促进农民持续增收

结合新型城镇化建设和户籍制度改革，建立健全城乡劳动者平等就业制度，进一步消除针对农民工就业的歧视性规定，推进农业转移人口市民化。完善职业培训、就业服务、劳动维权“三位一体”工作机制，重点推进农村新成长劳动力转移就业。加强对农村转移就业劳动者的跟踪服务，有针对性地帮助其解决实际困难，促进农村劳动力有序外出就业或就地就近转移就业。加大对新型职业农民的培育，鼓励农民以家庭农场、专业大户、农民合作社等形式，从事农业规模化、集约化、商品化生产经营。将劳动年龄段内被征地农民纳入城镇就业体系，加强就业培训和指导，创造就业条件，促进被征地农民就业。

（二）技能培训促进农民高质量就业

继续开展“企业下订单、机构列菜单、政府来买单”的三单式培训，进一步落实就业培训奖补政策，提高农民参培积极性。深入实施农民工职业技能提升和失业人员转业转岗培训，规范企业开展新型学徒制培训，按照同类工种、同一等级、同等补贴的原则，健全以获取国家职业资格证书和专项能力证书为主要评价依据的政府购买培训成果机制，为城乡劳动者提供普惠同等的培训补贴。对参加紧缺型高技能人才培训并取得相应职业资格证书的，给予培训补贴；对中专技校高级工班、特殊教育院校职业教育类的毕业生，给予职业培训补贴。推进职业资格管理改革，推动形成劳动、技能等要素按贡献参与分配的机制。

（三）服务企业鼓励企业吸纳就业

不断加大援企稳岗力度，扩大失业保险基金支持企业稳岗政策范围。健全完善失业保险费率调整机制，用好用足失业保险基金扩大支出政策，发挥失业保险制度预防失业、促进就业功能。认真贯彻落实涉企优惠政策，不断深化供给侧结构性改革，依托部门职能，按规定执行失业、工伤、生育保险降费政策和企业职工养老保险单位缴费比例调整政策，落实困难企业缓缴社会保险费政策和稳岗补贴政策，助推企业发展壮大。充分发挥小微企业就业主渠道作用，加大小微企业发展扶持力度，完善小微企业吸纳就业扶持政策，对于符合条件的科技型小微企业和劳动密集型小企业，吸纳高校毕业生、登记失业人员等群体就业的，实施创业担保贷款扶持。

（四）精准服务鼓励农民返乡创业

推动以县政府名义出台创业富民政策，加大对高校毕业生、返乡农民工等不同群体的创业扶持，扩大和提高创业担保贷款、税费减免、社保补贴、公益性岗位、灵活就业和奖励奖补等政策扶持范围和额度，进一步完善返乡农民创业政策体系。

在政策扶持上对农民工等人员返乡首次成功创业并正常经营半年以上的创业主体，按规定给予一次性创业补贴。对吸纳就业困难人员和高校毕业生符合条件的初创企业，给予一次性就业补贴；对招用就业困难人员的，按规定给予社会保险补贴和岗位补贴；对招用毕业年度高校毕业生的，按规定给予社会保险补贴。对参加创业培训合格并成功创业的返乡创业人员，给予创业培训补贴。对符合就业困难人员条件、灵活就业的返乡创业人员，给予一定的社会保险补贴。在土地供给上通过县政府将返乡农民工创业用地纳入城乡发展和土地利用总体规划，为创建返乡农民工创业园奠定基础。

在平台搭建上大力发展“互联网＋农业”新经济形态，扶持有条件的返乡人员创办企业，建立网络营销平台，开展农产品配送业务。引导和鼓励电子商务交易平台渠道下沉，带动返乡人员依托其平台和经营网络创业。深入推进大众创业、万众创新战略实施，积极开展创业型乡镇、园区、社区（村）创建活动，打造一批省级创业型乡镇和创业型园区，整合发展一批重点面向初创期的返乡创业孵化基地，聚集创业要素，降低创业成本。

在创业服务上编制和实施农民工返乡创业专项培训计划，开展创业培训进乡村活动，对有创业要求和培训愿望、具备一定创业条件的返乡大学生、农民工、退役军人及处于创业初期的创业者开展创业培训。结合农民工等人员返乡创业的特点和需求，大力培育有针对性的培训项目。注重农村电子商务人才培养，推广“创业培训 + 电子商务”模式，鼓励返乡创业人员参加电子商务就业技能培训，培育农村电子商务经纪人。支持返乡创业培训实习基地建设，鼓励中小企业、农产品加工企业、休闲农业企业和专业市场等为返乡创业人员提供创业见习、实习和实训服务。

在创业资金上加大返乡农民工创业小额担保贷款扶持力度，提高贷款额度，扩大贴息范围，将个人创业贷款由原来的 10 万元提高至 20 万元，企业担保贷款由原来的 50 万元提高至 200 万元，满足农民创业者的资金需求，解决农民创业融资难的制约瓶颈。进一步降低创业担保贷款门槛，贷款 10 万元以下、由创业担保基金提供担保的，以及被选树为市级以上创业典型、获得省级以上创业示范基地推荐等信用良好的创业者，经综合评估后可取消反担保。

（五）待遇提升提高农民保障性收入

进一步完善社会保障体系，不断扩大企业养老、医疗、工伤、生育、失业“五险”覆盖面。进一步研究制定城乡居民基本养老保险“多缴多得”激励政策，深入开展城乡居民基本养老保险“提标扩面”专项行动，积极引导城乡居民提高档次多缴费、长缴费。进一步提高城乡居民基础养老金最低标准，提升农民的社会保障水平。进一步完善被征地农民基本养老保险政策，确保被征地农民原有生活水平不降低，长远生计有保障。全面落实政府实施意见，启动城乡基本医疗保险制度改革，稳步整合城镇居民医保和新农合，逐步提升城乡居民医疗保障水平。不断扩大医保付费方式改革，将改革扩大到民营医院。深入开展城镇职工医保大病保险，进一步减轻城镇职工医疗负担。进一步完善医保政策，继续提高城镇职工医保、城镇居民医保政策范围内住院医疗费用报销比例和城乡居民基本医疗保险财政补助标准，逐步缩小城乡社会保障之间的差距。

典型案例

河南省焦作市订单式培训让贫困农民工高质量就业

免学费、免食宿费、免交通费、免费推荐就业岗位……

日前，在河南省焦作市农民工综合服务中心，55名建档立卡贫困户从焦作市各个乡镇赶来，他们在这里接受为期一周的封闭学习，接受技能培训、就业推荐等一站式免费服务。

这是焦作市农民工综合服务中心挂牌后迎来的第一批学员。这批学员接受了中式烹调、电焊和电子商务等三个专业的订单式培训。

何为订单式培训？焦作市人社局就业促进工作办公室主任张燕介绍："培训之前，部分企业已明确愿意长期提供相关用工岗位，这批学员经过培训后，结业即就业。"

焦作鑫恒重工机械有限公司、河南省建设集团有限公司、河南省武陟县广源纸业有限公司等企业负责人早早来到开班仪式现场，并抛出橄榄枝，提供数十个电焊工普工、纸机操作工等岗位。

焦作市技师学院承担了此次培训的课程设置工作，高级讲师王玉生说，虽然培训时间只有一周，但他们提前一个月就开始准备，除了职业技能、职业素养等专业培训外，还穿插法律常识、健康素养、音乐素养等课程。

本次为期一周的培训，由焦作市农民工综合服务中心提供食宿，被褥、桌子、储物柜等一应俱全。武陟县小董乡南归善村农民工关小涛是中式烹调班的学员，他来到农民工之家宿舍，兴奋不已。“住在这里太方便了，我一定要珍惜学习机会，认真听课，努力提升劳动技能，以优异的成绩毕业，让全家人尽快脱贫。”关小涛说。

“这次培训不是简单的转移就业，而是在精准培训后实现高质量就业，是我们送给困难群体的技能‘大礼包’。”焦作市人社局局长韩明华介绍，此次订单式培训是一次有益的尝试，为今后农民工之家技能培训起到了示范作用。

延伸阅读

1. 中共中央宣传部：《习近平新时代中国特色社会主义思想三十讲》，学习出版社 2018 年版。

2. 韩俊：《实施乡村振兴战略五十题》，人民出版社 2018 年版。

3.《党的十九大报告辅导读本》，人民出版社 2017 年版。

深度思考

1. 怎样拓宽农民非农就业渠道？

2. 为什么要发展乡镇企业，怎样发展乡镇企业？

3. 如何多渠道增加农民收入？

第六章

选好共同富裕带头人

习近平总书记强调："党的力量来自组织，组织能使力量倍增。"充分发挥基层村民自治的作用，选好基层"带头人"。基层"带头人"是农村党支部中的"能人"，他们是致富和带富能力强的人，有带领群众共同富裕的本领的人。将这一部分人选为农村基层党组织"带头人"，"先富带后富，一富带共富"，带领群众修"小康路"、引"小康水"、通"小康电"，群众的获得感自然高涨；试行"自己选"，基层党组织需要什么样的"领头雁"，基层群众最有发言权，让人民群众"自己选"，推行"公推直选"，充分尊重人民群众的自主权利，组织和引导他们将带富能力强，具有公心、影响力和号召力，为官意识淡薄，为民意识浓厚，敢于维护基层群众利益，密切干群关系的"能人"选为基层党组织负责人。自己选的"当家人"，广大群众最容易团结在其周围，"当家人"也最能代表和维护他身后一大群"支持者"的利益和诉求，基层党组织的"官"、"民"关系实现良性循环。唯有如此，才能推动基层党组织带领人民群众奔小康、追寻获得感的惠民列车驶入快车道。

一、创新乡村人才工作体制机制

习近平总书记指出："乡村振兴要靠人才、靠资源。如果乡村人才、土地、资金等要素一直单向流向城市，长期处于'失血'、'贫血'状态，振兴就是一句空话。要着力抓好招才引智，促进各路人才‘上山下乡’投身乡村振兴。”“要想方设法创造条件，让农村的机会吸引人、让农村的环境留住人，特别是要让一部分年轻人热爱农村农业，培养造就一支新型职业农民队伍，优化农业从业者结构，改善农村人口结构。”[①]这就指明了人才振兴是乡村振兴的基础，要创新乡村人才工作体制机制，充分激发乡村现有人才活力，把更多城市人才引向乡村创新创业。在推进乡村振兴的过程中，如何聚揽人才、培育人才、留住人才，使人才活力得到释放，是乡村振兴的关键。

（一）乡村振兴的关键是人才振兴

应将“人”的要素置于乡村振兴战略的重要位置。功以才成，业由才广。任何时代都需要人才，尤其是在当下推进农业供给侧结构性改革、建设现代化经济体系的背景下，着力破解乡村振兴的瓶颈，必须首先解决人才保障问题。从农村建设的现实需求来看，传统农业对新兴人才需求较少，在数千年的历史发展中，人类的农耕文明已经将农业生产技术融入了农民的血液之中，人与工具的融合加之地方农技部门的技术指导，使传统农业技术已经普及，对高精尖人才无法产生广泛需求。而在现代农业发展中，产业化生产、生态农业发展、规模化种植以及农产品创新、网络营销等发展现状，对资金、技术与人才产生了庞大的需求。

① 中共中央党史和文献研究院：《十九大以来重要文献选编》（上），中央文献出版社 2019 年版，第 142 页。

专家观点

为乡村振兴提供人才支撑

实施乡村振兴战略，农民是主体，人才是关键，需要努力培育造就更多爱农业、懂技术、善经营的新型职业农民。自 2012 年党和国家启动实施农民培育工程以来，以各类公益性涉农培训机构为主体、多种资源和市场主体共同参与的农民教育培训体系初步形成，2017 年全面实施新型职业农民培育计划后，一大批新型职业农民快速成长，不断为现代农业发展注入新鲜血液。但也应看到，新型职业农民培育还面临不少问题和挑战。从外部环境看，基础不牢、人员不稳的现象依然存在，使农民成为体面的职业任重而道远；从内部条件看，培育工作的针对性、规范性、有效性与现代农业建设加快推进、新型农业经营主体蓬勃发展的需要还不相适应。当前，应根据乡村振兴需要和农村实际，进一步加强农村专业人才队伍建设，培育造就更多新型职业农民。

——吉林大学马克思主义学院 蔡冬婷

人才队伍稳固是实现农村稳、农业兴的重要基础。推进乡村振兴是决胜全面建成小康社会的重大历史任务，是对农村地区着力推进现代化建设的有力引领。乡村振兴是新时代“三农”工作的关键目标指向，拥有一支深刻了解农村生产生活的多元化、高素质“三农”工作保障队伍尤为关键。习近平总书记强调指出要“强化乡村振兴人才支撑”，表明在推进乡村振兴过程中，人才是创业创新的支柱，只有人才支柱稳固，才能筑起新时代农村建设的大厦。因此，推进乡村振兴必须建立稳固的人才队伍。激发人才的无限活力，使外部人才因发展机遇而走进乡村，使内部人才因心怀乡情而留在乡村。激励天下人才在广阔的农村沃土上大显身手、尽展才华，使人才这一“第一资源”开启乡村振兴的动力引擎，从而以人才为牵引，塑造新型农业经营主体，有效将人才、资金、土地、技术及产业汇聚起来，形成乡村振兴的新局面。

（二）重视挖掘本土人才资源

农村潜在人才资源需全面激活。田间地头是农村本土人才的“练兵场”，在这一庞大的场域中隐藏着无数可塑性人才，需全面提升基层部门的人才意识，加大基层人才培养力度和政策倾斜，努力在基层发现、磨炼和重用人才，将农村打造成为“孵化”人才的基地，打造农村本土的创业“头雁”。面向乡村精英、返乡大学生以及乡村技术能手等人才，全面开放发展机会，让本土人才立足当地施展才华、建功立业。乡村振兴的核心成果是农民振兴。推进乡村振兴战略最直接的受益者是广大农民，而与此同时，农民也是促进乡村振兴的关键主体，发挥自己的力量建设自己的家园符合客观规律和基本道德秩序。尽管乡村振兴需要依靠大量的政策、资金、外来人才等资源，但农村本地内生发展动力不容小觑，不断依靠让农民“有奔头”的产业建设与新型技能教育培训，激活潜在的本土人才资源，使农民追求致富的积极性和创造性被全面发掘出来，努力培养一批懂经营、懂网络、能创新的优秀人才，构建一支脚踏实地、勇于创新的农民创业团队。推进乡村振兴要充分发挥出农民的主体性作用，需依靠全方位、多角度、立体化的宣传教育，帮助农民明晰乡村振兴战略的概念思路、政策条件、资源优势、潜在风险及未来前景，在脱贫攻坚、项目开发的过程中进行政策宣传，为全面营造人才活力迸发的氛围创造舆论条件。将本土人才打造成为现代化农业农村建设的主力军，广泛集合农业院校、科研单位、职业教育机构以及电商平台等力量，共同构建教育培训资源输送体系，为挖掘和发展本土人才做出积极的贡献。

（三）激发人才活力应推进城乡一体化融合发展

习近平总书记指出："现在的城里人，往上数三代，大都来自农村，只要有机会，很多人都有回报家乡的愿望。'乡情牌'、'乡愁牌'打好了，积极性调动起来了，渠道疏通了，对乡村振兴将会产生很大作用。在这方面，要逐步探索，作出制度安排。"①

良好的发展环境才能留住人才。相对于城市空间而言，以往农村发展机会较少，人才用武之地匮乏，因此乡村人才"走出去"往往"回不来"。在旧的观念中，外出求学返乡创业的学子被视为"大材小用"，关键在于农业生产被刻板地打上了"缺少发展空间"的认知烙印。目前，农民并没有被完全视为一种职业，社会创业人才对在农村开辟事业并不乐观。城市健全的公共设施、完善的服务及发展机会使人才向城市加速流动，农村地区的人力资源精华被城市"吸走"，农村人才"回流"较难实现。因此，推进乡村振兴必须着力实现城乡一体化融合发展，实现农业农村优先发展。只有如此，才能尽快缩小城乡差距，为农村留住人才创造良好的发展环境，使人才因农村发展前景与机遇关注农村、留在农村。

实现城乡一体化，发展教育是关键。目前，我国农村地区的职业教

① 中共中央党史和文献研究院：《十九大以来重要文献选编》（上），中央文献出版社 2019 年版，第 142 页。

育存在现实“短板”，人才活力难以激发出来。需大力发展农村职业教育，增强农村人才内生能力。其一，需紧扣教育精准扶贫的战略要求，在广泛的农村地区发展职业技能型教育，精准定位农村贫困群体，增强贫困人口立足乡村、就业创业的能力，进一步缓解农村人力资源压力。其二，努力发展农村大众化教育，组建优秀的职业教育队伍。开展现代化农民职业技能培训工作，瞄准农村发展需求定向培养人才，努力培养优秀的“职业农民”，针对农村地区基础教育资源不足、水平不高的问题，全力以赴发展义务教育，为乡村振兴人才培养奠定扎实的教育基础，发挥出教育“助推器”的关键作用。

（四）使人才“自愿来”“不愿走”

优化条件继续推进人才“引进来”策略。以往由于农村生活单调、公共基础设施不健全、待遇不高等原因，城市人才不愿到乡村就业。另有部分人员为增添履历的丰富性，将乡村作为“跳板”，真心留在农村的外来人才较少。那么如何才能使外来人才“自愿来”，甚至是“不请自来”？其关键在于优化人才引进条件，依靠真实看得见的发展机会与城市“抢人才”。因此，需进一步加强农村企业发展，采取物质奖励、精神激励、政策牵引等方式，建立正向激励机制。进一步改善交通、通信等基础设施，增强人才流动的便捷性，缩小地域生活、消费、娱乐、学习等差距，提高外部人才对美丽乡村的认同度和接纳度。依靠政策支持努力留住人才。各地应增强人才包容性，秉持欢迎人才、信赖人才、精选人才的原则，以更加优惠、具有吸引力的政策条件增强人才“黏性”，搭建成熟、健全的共建共治共享人才平台，改进和优化农村人才引进专项机制，在引进人才相关的创业扶持、特殊补贴、住房医疗、子女教育以及配偶就业等方面加大政策倾斜；提供定期进修学习机会，选派优秀人才外出留学深造，扎实做好“筑巢引凤”的人才引进工作。使社会各界人才关注乡村振兴，努力参与推动乡村发展的进程，在广阔的农村天地间实现自我价值与国家价值的统一。要增强人才包容度，吸引一批目标市场地的跨文化人才，引进一批掌握多元文化、懂农业技术和信息化农副产品营销的复合型人才，从而使人才培养与乡村振兴、农业供给侧结构性改革、建设现代化经济体系的宏观战略目标融合起来，提升农村核心人才储备，从而激活人才的无限活力，建设新时代的大美乡村。

典型案例

浙江临海：“全产业链”引才兴农

近年来，浙江省临海市坚持“围绕产业抓人才，抓好人才促产业”理念，以柑橘、茶叶、杨梅、西兰花四大“国”字号特色农业产业为依托，大力实施“人才兴农”战略，积极引导各类人才向乡村流动聚集，打造乡村产业振兴的“最强大脑”。

围绕产业链条，招引“三类人才”回乡

紧扣农特产品产业链生产、加工、销售各个环节，着力引进能够推动产业提升、带动产业发展的各类人才。

“农专家”聚集在生产链上。每年定期召开橘商、茶商大会，举办农业发展高峰论坛，与国家、省级农业研究所合作成立3个协创中心，建立农业示范推广基地1万余亩，配套出台优惠政策，吸引研究员、高级农艺师、“土专家”等310余人组建农业专家人才库，专门从事种植研究，打造优质品牌。

“农创客”活跃在销售链上。实施“金凤还巢”行动，发挥亲缘、人缘、地缘优势，唤回530余名善经营、懂技术的“农二代”及高校毕业生返乡创业，重点培育电商销售力量。该市90后“海归”“橘二代”林东东发动一批返乡大学生成立首家橘农电商协会，柑橘线上年销售额达4.2亿元。

“三产人才”吸附在产业链上。充分发挥特色产业的辐射效应，成立农村资金互助社，建立“四通一达”物流基地，招引一批精通农产品加工包装、金融、物流等配套行业领域人才。截至目前，柑橘产业配套行业领域人才申请专利13项，柑橘储藏期延长3个月以上，损耗率从原来50%以上降低到不足10%。

聚焦产业需求，“三类模式”精准育才

坚持需求导向，分级分类开展精准化培训，建立以10000名实用型人才、1000名技能型人才、100名领军型人才为主体的乡村人才“金字塔”。

“送教下乡”育实用型人才。将农村实用型人才纳入全市人才培养体系，依托乡村振兴学院、农民培训中心、橘乡汇才中心、琳山新农学堂等，定期开展“送教下乡”活动，以集中培训、专题讲座、田间学堂等形式，加强实用技能培训，培训合格后颁发技能证书。今年以来，累计“送教下乡”18次，举办种植技术提升讲座15场，培训1万多人次。

“精训实训”育技能型人才。招标确定8家规模型培训机构，建立十大农特产业发展实训基地，每年安排200万元专项资金，对技能型人才开展农产品物流与保鲜、农村合作金融等专业化培训。开设“庄稼医院”，组建专家团，定期开展技能培训、开放问诊，全面提升农户培植技术。

“校地合作”育领军型人才。分批组织新型职业农民赴浙江农民大学等进行脱产培训，邀请省农业厅、省农科院专家以及省农广校、省农技推广中心等培训机构开展专题培训，每年拨付专项经费组织产业带头人赴外地学习先进理念与技术，培养产业带头人 260 余名。

坚持正向激励，“三种体验”留人留心

聚焦乡村产业人才发展需要，全面优化政策、服务、工作环境，切实增强人才荣誉感、获得感、幸福感。

典型推广激发荣誉感。举办青年“农创客”创业大赛，组织开展“橘状元”“茶大王”等评选，每年对农业技能专家、种植能手以及龙头企业、优秀专业合作社等进行表彰，推荐优秀产业人才参选“两代表一委员”、到行业协会担任职务，3 人获得浙江乡村振兴带头人“金牛奖”。

待遇从优强化获得感。每年设立 1000 万元专项发展基金，为农特产业“双创”人才量身定做“一揽子”政策，对基础设施建设、标准化生产、科技研发应用等项目进行专项补助。

“妈妈式”服务提升幸福感。开展农村“最多跑一次”改革，为人才提供全方位、全天候“妈妈式”服务，对各类人才兴办新型农业经营主体、申报现代农业项目等进行全程跟踪服务，免费提供标准文本，建立“绿色通道”，限时办理审批事项。积极与市农商行、农村资金互助社对接，推出“人才金卡”，综合人才专业技术能力以及带富帮富能力，给予提高授信额度、降息让利等优惠，助推农村人才干事创业。

（来源：《中国组织人事报》2019 年 9 月 2 日）

二、把更多人才引向乡村创新创业

2018年6月，习近平总书记在山东考察工作时指出，“乡村振兴，人才是关键。要积极培养本土人才，鼓励外出能人返乡创业，鼓励大学生村官扎根基层，为乡村振兴提供人才保障”。加快推进农业农村现代化，迫切要求培养造就一支懂农业、爱农村、爱农民的“三农”工作队伍，迫切要求激励各类人才在农村广阔天地大施所能、大展才华、大显身手，在乡村形成人才、土地、资金、产业汇聚的良性循环。这就要求我们必须创新乡村人才工作体制机制，在培育人才、吸引人才、留住人才、使用人才等方面下足功夫，让人才振兴成为推动农业农村现代化的内生动力。

专家观点

懂农业、爱农村、爱农民

懂农业是乡村振兴的保障。农业不仅是农民赖以生存的基础性产业，更是国家发展不可或缺的重要组成部分。党员干部作为伟大事业的推进者和引领者，如果不懂农业，不知道农村要发展什么、怎么发展、发展成什么样等现实问题，就不能带领农民群众发展致富。要兴农富农，就必须懂农业，因此，要从农业发展、农村建设、农民致富成效显著的地方挖掘优秀干部，并针对基层干部开展更多农业相关领域的培训教育，助其理论与实践相结合、经验与创新相融汇，全面提升工作能力、服务水平，为农业发展提供知识保障。

爱农村是乡村振兴的基础。振兴乡村，农村如何建设、环境如何整治、村民如何团结、文化如何引导……这些都是困扰基层干部的难题。尽管困难重重，但是，乡村的那一份宁静祥和，给基层干部定下心神、努力工作、专心服务提供了良好机会。只有有一颗热爱农村的心，才能“先农民之忧而忧，后农民之乐而乐”，敢闯敢干，从而抛开农村苦、农村累等消极落后的思想，将农村的建设、发展作为自身使命和责任，主动融入农村、深入基层、上到一线，带头想办法、找路子，探索发展新产业，带动共同致富，让群众钱包鼓起来。

爱农民是乡村振兴的关键。“中国要富，农民必须富。”“没有农村的小康，特别是没有贫困地区的小康，就没有全面建成小康社会。”正如2018年中央一号文件所强调的，要引导农民在乡村振兴中发挥主体作用，让农民成为有吸引力的职业。没有一颗爱农民的心，就不会把农民当亲人，就无法调动农民的积极性、主动性、创造性。党员干部作为农民致富、支持农民创造的“黏合剂”，要牢固树立群众观念，多一些对农民的理解、包容和爱护，时刻把农民衣食冷暖挂在心上，主动去争取农民，关心农民，经常深入田间地头，了解农民需要，倾听群众呼声，教育引导农民，因势利导，实现与农民勠力同心、同频共振，心往一处想，劲往一处使，调动和发挥农民积极性、创造性，促进农民的全面发展。

——贵州省长顺县教育局 蒯海锋

（一）要把本土人才资源当作重要支撑

人才兴则乡村兴，人气旺则乡村旺。培养选拔乡村振兴的人才不能只盯着外面的世界，还要善于从脚下的土地去发现人才，培养“本土能人”。一方面，要激励本土各类人才积极投身乡村建设，完善本土人才成长机制，充分激发本土乡村人才的创新精神和创造能力，发挥本土乡村人才的技术技能优势，进而带强产业、带动致富，让农业更加焕发活力、农村更加富有魅力，不断为农业农村发展注入新活力。另一方面，要通过改善农村教育、就业、医疗、基础设施、人居环境等，不断优化本土乡村人才成长环境。健全多元投入保障机制，增加对农业农村基础设施建设投入，推动公共服务向农村延伸、社会事业向农村覆盖，建设美丽乡村，营造良好的创业环境。

（二）要“筑巢引凤”，引导人才返乡

引导返乡农民工、大中专毕业生、科技人员、退役军人和工商企业等返乡创业创新，在乡村振兴的舞台上施展拳脚、贡献才智。乡村振兴离不开领路人，鼓励支持引导乡村精英群体返乡投身乡村振兴，既要靠各地政府部门敢担当、善作为，创造便利条件，提供政策支持；也要同步改善乡村基础设施建设，尽可能缩小城乡基本公共服务差距，解决好返乡精英群体的后顾之忧。同时，要在吸引人才上出实招，把更多从农村走出去的精英群体引回乡村创新创业。营造良好的创业环境，制定人才、财税等优惠政策，为人才搭建干事创业的平台，吸引各类人才返乡创业，激活农村的创新活力。鼓励支持返乡农民工、大中专毕业生、科技人员、退役军人和工商企业等从事现代农业建设、发展农村新业态新模式。

（三）要建立引导和鼓励高校毕业生到基层工作的长效机制

新时代的乡村需要更多新鲜血液，大学生村官计划是向农村提供人才支撑的重要途径，能为建设高素质专业化“三农”工作干部队伍提供

源头活水。自大学生村官计划实施以来，数十万大学生走进农村，为乡村振兴和发展提供了扎实的人才支援。在实际工作中，大学生村官在广大农村发挥着积极作用，一大批有文化、懂技术、会经营、善管理的大学生村官为乡村振兴奉献着自己的青春，成为乡村振兴中不可或缺的一支重要人才队伍。要继续坚持做好这项工作，完善各项配套政策，建立引导和鼓励高校毕业生到基层工作“下得去、留得住、干得好、流得动”的长效机制，激励更多有志青年扎根基层、服务乡村振兴。

乡村振兴，人才为先，实现乡村振兴必须依靠人才。人才振兴是乡村振兴的基础，我们既要坚持农业农村优先发展，培育农民自我发展能力；同时也要创新乡村人才工作机制，汇聚农业农村现代化人才资源，为推动农业农村现代化提供坚实的人才支撑。

三、选好村支书、村委主任及班子

村“两委”干部是团结带领农村广大人民群众全面建成小康社会和中国特色社会主义新农村建设的带头人。这支队伍建设得如何，直接关系到农业和农村现代化的进程，直接关系到新农村建设的进度和质量及广大人民群众的根本利益，直接关系到党和国家在广大农村的政策落实及广大农村社会的和谐稳定。

（一）选优配强村“两委”领导班子

建设一个坚强有力的村级领导班子，特别是选配好村党支部书记，是加强农村基层组织建设的关键所在。

一要更新观念，严格标准，把能否带头致富、带领党员群众致富作为选配村党支部书记的重要标尺，将那些素质高、能力强、群众拥护的党员选为“领头雁”，从而提高村党支部书记的群众公认度和集体素质。

二要破除论资排辈观念，敢于突破常规，大胆起用优秀人才，破除求稳怕乱观念，形成无功即过、优胜劣汰的竞争机制。

三要严把“入口”关，在全面实行“两推一选”的基础上探索试行“公推直选”。疏通“出口”关，对一些不安心于本职工作、办事不公、以权谋私、群众不满的不合格村干部进行妥善处理，以增强村干部的竞争意识、危机意识，破除“村干部除了我没人愿意干或没人能干”的错觉。

（二）提高村干部待遇

通过调查分析发现，目前村干部待遇偏低是很多人不愿意进入村干部队伍的重要原因，也是个别村干部队伍战斗力、凝聚力不强的重要影响因素。在教育引导村干部讲奉献的同时，也要尽力改善、提高他们的待遇。

1. 多方提高村干部的工资待遇

目前，湖北省十堰市关防乡已给所有村干部买了养老保险和医疗保险，这在一定程度上解决了他们的后顾之忧。但是，村干部的工资仍然很低，主要依靠上级拨付的转移资金支付，而且一次确定后好几年都不变。就目前的状况而言，可以考虑将上级拨付的转移资金支付，随着整个社会平均工资的增长而增长，并适当安排一定的标准对村干部实行车辆交通补贴政策。还可以探索将村干部工资与带领群众致富、发展壮大村级集体经济挂钩，将一定比例的新增村集体收入用于对村干部的奖励。

2. 努力提高村干部的政治待遇

在与村干部的访谈中发现，很多村干部认为自己的前途渺茫，即使辛辛苦苦干一辈子也仍然是一个村干部。针对这种现状，可考虑在每年新招录乡镇公务员中对村干部定向招聘，让他们感到有前途、有干劲，以激发他们工作的责任感和积极性。

（三）完善村干部激励约束机制

一是实行“量化考核，民主测评”。每年年底对村干部进行考核，并将考核结果作为使用干部的重要依据。对德才兼备、政绩突出的村干部予以表彰奖励。

二是实行“戒勉后进，末位淘汰”。建立健全村干部引咎辞职制度，并严格执行，打通村干部出口，对因主观原因造成考核落后并经诫勉屡教不改的，劝其主动辞职，对其不主动辞职的，可按照《中华人民共和国村民委员会组织法》实行罢免。

三是实行奖励工资制。把村干部年工资分为基础工资、人口规模工资、考核工资和奖励工资四部分，年终按实绩综合考核计分确定考核工资标准。工作在全乡位居前三名的村“两委”干部，增加奖励工资；倒数后两名的，扣减奖励工资。

（四）加大对村干部的教育培训力度

目前，现任村干部年龄偏高、文化程度偏低，在对村干部教育培训时要注意灵活运用教育形式，除举办培训班、讲座外，还要积极探索新形势下适应村干部特点的教育模式，教育内容上要突出宗旨教育、法律教育和技能教育三个重点。通过宗旨教育，使村干部牢固树立为村民谋利益的思想，切实增强责任感和进取开拓意识，不断激发他们的工作积极性、主动性、创造性。通过讲座、案例分析等形式，在村干部中大力开展法治教育，规范他们的行为，使村级各项工作走上法治轨道。通过对农村实用技术、基层工作方法经验、涉农市场信息等内容的学习，提高村干部带领群众致富的能力。健全教育机制，形成“学习型”村“两委”领导班子，提高村干部建设社会主义新农村的能力。

（五）加大后备村干部培训力度

后备村干部建设是村干部队伍建设的一个有机组成部分，也是从源头上加强村干部队伍建设的有效途径。按照一定比例选拔出德才兼备、有培养前途的优秀人才作为后备干部，对村级后备干部加强教育培养，除举办培训班外，采取村内挂职方式进行岗位培养，以岗位锻炼人，以岗位考察人。实行后备干部动态管理，将优秀后备干部推荐进入村级领导班子。可适当选派机关优秀年轻干部到村挂职，加大大学生村官的招聘力度，通过“输血”“换血”，提高村干部队伍整体素质。

四、培养造就一支懂农业、爱农村、爱农民的“三农”工作队伍

实施乡村振兴战略，需要“培养造就一支懂农业、爱农村、爱农民的‘三农’工作队伍”。要把“三农”工作队伍建设纳入乡村振兴战略全局中通盘考虑，要从教育培养新型职业农民、教育培养农村专业人才队伍、加强“三农”干部队伍教育培训、积极引导社会人才投身乡村建设等方面着手，锻造一支攻坚队、战斗队，协同发挥作用，为实施乡村振兴战略提供人力保障。

（一）加强农村专业人才队伍教育培养力度

要建设一支善于推进农业农村现代化建设，在规划、旅游、教育、医疗和卫生等领域具有专业技能或专业素养的农村专业人才队伍，不断提高农村专业人才服务保障能力。

一是在专业技术人才培养方面，要加强院校有针对性的学科专业建设，在加强专业技术、技能培养的同时，更要重点做好学生的思想政治教育工作，切实增强他们对广大农村的认识，培养他们对队伍、农民的感情，激发他们愿意奉献“三农”事业的精神。

二是要完善农业科研人才培养支持机制，不断完善对“三农”工作队伍的各项保障机制和奖励激励机制，深化农业系列职称制度改革，建立以农业产业需要、农民群众满意为评价基准，以能力和成果为导向的农业科研人才分类评价机制，在职称晋升、待遇保障方面让每一个“三农”工作人员没有后顾之忧，并且还有较强的工作积极性和荣誉感。

三是要坚持引进与培养并重，把已经扎根基层、具有一定专业能力的人员纳入教育培训计划，不断加强他们对新理念、新知识和新技能的学习，从而造就和培养一批活跃在农村基层一线的农技人员。

（二）扩大“三农”干部人才队伍教育培训规模

作为实施乡村振兴战略的主力军，乡村干部对乡村有效治理和各项事业的推进具有重要的作用。因此，要建设一支以加强乡村建设和管理的乡镇干部、“第一书记”、驻村工作队、村“两委”班子成员为主体，村民小组长、老党员、老干部等人员广泛参与的干部人才队伍，大规模开展教育培训工作，共同推进乡村振兴战略的实施。当前一些农村地区普遍存在干部整体素质和工作水平亟待提高、后备干部不足、干部保障机制不够完善等方面的问题，难以有效承担起引领乡村建设的任务。因此，一是要优选配强乡村干部，突出政治标准，选用忠诚、干净、有担当的干部，教育干部牢记自己肩负的责任和历史使命，为乡村建设和振兴发挥应有的作用；同时，采取各种教育培训、挂职锻炼等方式提高农村干部队伍的素质，改进对农村干部的激励机制，从政治上、物质上、精神上鼓励想干事、能干事、干成事的乡村干部脱颖而出。二是要加强乡村后备干部队伍建设，注重对返乡务工青年、返乡大中专毕业生、退役军人、科技专业人员的教育培养，特别是注重在他们中发展农村党员，建立一支具有家国情怀、政治素质良好、愿意干事创业的后备干部队伍。三是要加强培训，提高干部的综合素质和工作水平。坚持岗位培训与学历培训并举，抓好村干部对农村社会管理、经济事务、专业技术等方面的学习培训，组织和推荐干部参加大专院校、党校、广播电视大学、电视夜校等的知识技能培训，增强村干部适应新形势下农村工作的新变化，增强村干部服务农村的意识和本领，勇于开拓创新，因地制宜，带领农村实现大发展。此外，还要加强干部管理考核，提高村干部岗位履职水平，要健全保障机制，解决他们的后顾之忧。

（三）积极引导社会各类人才投身乡村建设

在加强各类人才队伍和干部队伍建设的同时，应积极引导社会各类人才投身乡村建设。要大力营造乡村干事创业的良好氛围，要提出各类人才投身乡村建设的具体举措，确保人才愿意来、留得住、用得上、干得好，为乡村建设汇聚源源不断的新生力量。按照《中共中央 国务院关于实施乡村振兴战略的意见》的要求，要建立有效激励机制，“以乡情乡愁为纽带，吸引支持企业家、党政干部、专家学者、医生教师、规划师、建筑师、律师、技能人才等，通过下乡担任志愿者、投资兴业、包村包项目、行医办学、捐资捐物、法律服务等方式服务乡村振兴事业”。“发挥工会、共青团、妇联、科协、残联等群团组织的优势和力量，发挥各民主党派、工商联、无党派人士等积极作用，支持农村产业发展、生态环境保护、乡风文明建设、农村弱势群体关爱等。”虽然这些社会力量和各方人才积极投身乡村建设的机制还需要进一步研究，但是，只有让全社会关注农村发展、投身农村发展，乡村振兴计划才能落到实处。总之，“三农”工作队伍的建设是实施乡村振兴战略的基础性工作。因此，要实行更加积极、更加开放、更加有效的人才教育培养政策，首先推动乡村人才振兴，为乡村振兴战略的实施提供坚强的人力保障。

典型案例

从负债380万到年收入过亿

——山东省兰陵县代村社区党委书记王传喜带领村集体走致富之路

2018年1月16日，雨后的山东省兰陵县代村空气清新，环境优美。宽阔的马路，繁华的商城，家家户户的暖气热乎乎，灰白相间的楼房在绿树间掩映。这哪是一个乡村，俨然一座小城。

让代村发生翻天覆地变化的领路人是党的十九大代表、社区党委书记王传喜。十九年来，他带领村民让一个落后贫穷的村庄逐渐走上小康富裕之路。

用“公心”啃下“硬骨头”

记者眼前的王传喜，标准的山东大汉，典型的山东人性格：身材魁梧，目光坚毅，谦逊低调，谈吐直爽，胸前佩戴的鲜红党徽格外显眼，彰显着其共产党员的身份。

王传喜不光时时戴着党徽，更处处体现着党员强烈的责任意识和使命担当。时针拨回到20世纪90年代末，代村环境差、治安乱、人心散，是一个集体负债380万元的落后村。1999年，代村成立了新的村“两委”班子，在外面干“包工头”的王传喜临危受命，回村任职。谁承想，刚一上任，他面对的就是村集体欠债被起诉、法院送达的出庭应诉传票。

“放着好好的工作不干，为啥要拾这样一个‘烂摊子’？”面对记者的提问，王传喜回答得很干脆：“全村老少爷们儿相信咱，我就要对得起这份信任。再说我当村干部，就是想让村里人富起来，过上跟城里人一样的好日子。”

王传喜说干就干，他和其他村干部一起走村串户，调查研究，认真听取党员、村民的意见，分析“穷、脏、乱”的原因，统一村“两委”成员思想。经过对全村现状的排查分析，最后列出了大大小小80多项问题，其中村民反映最集中、最难啃的“硬骨头”是：人地不均和零散经营。王传喜下决心先解决土地问题。

“庄户人最关心土地问题，当时人均最少的是不到三分地，最多的二亩七八分，相差近10倍，确实大部分村民感觉不平衡、有意见。”在代村支部委员宋桂云看来，动土地是伤筋动骨的事，人少地多的户、组肯定不干，解决土地问题合理但不现实，再说你一个刚三十岁出头的年轻人能行吗？

“为啥合理还能做不成？”王传喜不信邪，要干就得干成。他叮嘱村“两委”成员：“分地的事儿喊出去了，如果干不成，我们好不容易选出的这届班子就等于提前解散了，没有退路！”王传喜带领村领导班子成员一边做群众思想工作，走民主程序；一边形成文件报告，送到镇里、县里。

时值2000年夏天，地里刚割完小麦庄稼腾茬，为不耽误下季播种，王传喜带着村领导班子成员临时设了个后勤组，夜间发大衣，白天发草帽，送水送饭。村干部和村民小组成员吃住都在地里。为了划定地界，光木桩就用了近1万个。

一户两块田，一块好点的一块差点的，所有村民抓阄选地。当时凑巧的是，村干部抓的都是孬地、贫地，老百姓私下议论“这回分地有真事儿”。就这样，大家伙所说的“该干却干不成的事儿”，王传喜带着村“两委”班子愣是干成了。

“通过这件事儿，奠定了我们这一届村‘两委’班子的群众基础，大家对我们这个班子都很信服，进一步树立了村干部的威信。”回忆起这段往事，王传喜十分感慨：老百姓的工作好不好做，关键是看党员干部能不能“真”和“公”，只要村干部没有任何私心，干的是一碗水端平的真事儿，一定能把事儿干成。

“尊重群众意愿”才能赢得“民心”

在平均土地的同时，王传喜的另一大手笔——旧村改造也开始进行。在这一过程中，王传喜没有逼村民上楼，而是尊重村民意愿，坚持小步快走，循序渐进，一步步实现了村民上楼。

“在整个拆迁安置过程当中，我们坚持先安置后拆迁。一部分中老年人，房子面临拆迁，人却不想上楼；而一些年轻人，房子所在区域尚未拆迁，人却想提前上楼，我们采取了独创的‘旧房流转’模式。”据王传喜介绍，针对想上楼的年轻人，村委会以5000～10000元的价格，回收他们的旧房子，然后村委会再以同样的价格转让给面临拆迁不想上楼的中老年人，作为过渡安置。在上楼过程中，村里的原则是“评估补偿、低价安置、按需分配”，即按照房子的面积、新旧、高低、结构评估补偿；以成品房500元/平方米的低价进行安置；根据家庭人口分户的需要分配成品房。

科学的方案、优惠的政策、得当的方法、有力的措施，代村的拆迁历经10年时间，一步一步地来，一片一片地拆。2015年，代村在没有占用一寸耕地建房的情况下完成了旧村改造，使全部村民顺利上楼，实现了零占地、零违章、零投诉。

“王书记常说，做村里工作，就要多听取村民意见，学会换位思考，尊重群众意愿。”代村支部委员王传海告诉记者，正是因为他们将心比心，以情感人，工作做到了群众的心坎上，群众才从心里支持他们的工作。

王传喜一班人很早就意识到，最要紧的是要让农民富起来。经过多次研究论证、组织广大党员干部外出参观学习，王传喜结合实际，大胆提出了改革发展的新思路和村庄建设的新目标，并制定出了一套符合代村发展的“3531”规划：“五区一网”，即种植区、养殖区、加工区、商贸区、生态庭院区和村庄整体绿化网；“五园一带”，即花卉园、果品园、蔬菜园、良种示范园、农业观光园和全民健身带；“五场一站”，即奶牛场、养猪场、水貂场、养鱼场以及饲料厂和生活用沼气站。就是他的这个大胆规划，让代村因地制宜地大力发展了现代农业，走了集约化、规模化、产业化、标准化、专业化的路子，并产生了明显的经济效益、社会效益和生态效益。

十九年来，代村在王传喜的带领下，走出了一条“发展壮大集体经济，鼓励和扶持村民自主创业，实现强村富民、共同富裕”的发展道路。2017 年，全村各行业总产值约为 26 亿元，村集体经营性收入为 1.1 亿元，村民人均纯收入为 6.5 万元，提前实现了全面小康。

短评：一位敢于担当的基层干部

对王传喜来说，胸前佩戴的鲜红党徽，不只是共产党员的标志，还将其内化为一种对信仰的坚守。站在信仰的旗帜下，王传喜用责任、实干、坚守铸就了一座丰碑。

对群众反映强烈的“土地不均”问题，王传喜敢于担当、敢涉险滩。大家都认为重新分地合理，却都说做不成。“为什么合理还能做不成？”王传喜就不信这个邪。他靠着一颗公心，坚持一碗水端平，最终啃下了这块“硬骨头”，为村里集约化使用土地、发展集体经济打下了坚实的基础，并在群众中树立了威信。

在旧村改造过程中，王传喜始终坚持以人民为中心的发展思想和价值追求，将心比心，以情感人，坚持小步快走、循序渐进的原则，一步一步地来，一片一片地拆，坚决不逼村民上楼，充分尊重村民意愿，通过创造性的“旧房流转”，历经 10 年才顺利实现了全体村民上楼。

为了抓好班子、带好队伍，王传喜总是以身作则，率先垂范。他向全村党员群众“约法三章”，带领村“两委”班子多“吃苦”、多“吃亏”，用自己的实际行动，带动了村“两委”成员及全村党员自觉践行服务宗旨，赢得了群众的广泛赞誉。

十九年来，王传喜为全村忙碌奔波的身影留在了代村社区广大党员干部群众心中，他用坚定的理想信念、为民务实的情怀、敬业奉献的吃苦精神，树起了一面农村基层组织永不褪色的旗帜。

每天记日记，是王传喜十九年来养成的习惯。在他的办公室里，记者看到，100多本笔记本整整齐齐地摆放在书柜里，从上任第一天使用的小黄皮“工作手册”，到大大小小的皮质笔记本，上面都清晰地标注着年、月、日，详细记录着他每天的工作内容。

十九年来，小小笔记本承载了王传喜爱党敬业、不忘初心的心路历程，也见证了他坚守底线、一心为民的高尚情操。

坚守底线 约法三章

“当村干部就是给群众‘打工’的，要舍得出力多吃苦，要不贪不沾多‘吃亏’，你付出多，群众得到的实惠也就越多。”这是王传喜经常对村“两委”班子成员说的话。他是这样要求村干部一班人的，自己更是以身作则，率先垂范。

王传喜带头向全村党员群众“约法三章”：村里工程绝不允许亲朋好友插手，惠民政策绝不因沾亲带故徇私，干部选用绝不让直系亲属沾光；村“两委”班子成员公开承诺：绝不假公济私，绝不侵占集体资产，绝不让党的惠民政策“缺斤少两”。

村民龙治江拆迁后想申请以村民内部价购买一套住房。按照政策，不满55岁的村民才有资格购买。当时，龙治江还有两个月满55岁。王传喜答应他：“放心，有你的。”果然，王传喜说话算话。王传喜的三叔也提出了相同的要求，因为超出了年龄，尽管求情很久，王传喜始终没有答应。

2005年，南方一个高污染、高耗能的化工项目负责人到北方选址，看中了代村。这个公司的老板拿着200万元现金来找王传喜，请他帮忙让项目落地，但王传喜断然拒绝。“那时候种地是没钱可赚的，如果王书记随便出让一点土地，就能得到很大好处。”

代村支部委员王传海说，通过这件事，真正感到王书记一是心不贪、手不伸，廉洁自律；二是有战略眼光，想着村里长远发展。“要真把这个项目引来了，现在土地污染了，生态也破坏了。”

代村是富村，年年搞工程建设，资金往来多。对王传喜来说，想伸伸手，来钱很容易。兰陵县退休干部张德华因为工作关系，与王传喜经常联系。“在廉洁问题上，王传喜相当过硬。”张德华说，在兰陵县现代农业示范园指挥部工作期间，他曾协助王传喜搞开发，面对的都是上千万元的建设项目。面对这一领域的“潜规则”，一些外地的建设单位不放心，签字前要“表示表示”，但王传喜说：“我们一顿饭不吃你们的。如果你们按质按时完成，我们请你们吃饭。”

每到过年过节，很多人、很多企业都想向王传喜送钱送物，拉关系、办事情。为了避嫌，只要临近节假日，王传喜就让妻子紧闭大门，装作不在家，任谁敲门也不开。年终开会，代村村“两委”班子经常转移开会地点，不是跑到园区办公室开，就是在商城办公室举行。“要是收了这些不该收的钱，就突破了我做人的底线。”王传喜说。

爱岗敬业 不忘初心

在代村，每天早晨有个雷打不动的村干部工作例会。“夏秋季早6点，冬春季早6点半，是我们村干部集体议事时间。”村支部委员宋桂云说，就是先总结下前一天的工作、任务完成情况，然后再部署当天的工作安排。

每天早上6点前，只要没有其他重要工作安排，王传喜都会早早赶到村委会办公室，至今已19个年头。无论刮风下雨，每天晚上11点前，他很少进家门。有一天晚上，深夜两点，在办公区看大门的老李睡了一觉，醒来看到王传喜的办公室还亮着灯，以为他临走时忘了关灯。老李走上楼，却发现王传喜还在伏案写材料。“王书记经常在办公室加班加点，熬夜工作。”老李说。

正因为王传喜把心思都用在了代村这个大家庭上，才有点冷落自己的小家。张德华向记者讲了这样一个故事：王传喜的父母都已经70多岁，和全村60岁以上的老年人一样，住进了社区老年公寓。别人的孩子都常来看父母，唯独王传喜去得少。经常有老人问王传喜父母：“俺们的孩子都常来看俺们，你儿子咋那么长时间不来？”二老只得编假话：“俺儿都是晚上来，来了也不一定天天让你看见啊。”也有人打趣王传喜的孙女：“你喜欢你爷爷吗？”“不喜欢。”“为什么？”“他天天不回家。”“你喜欢谁呀？”“喜欢奶奶，她天天陪着我玩。”

“王书记待我们老年人真好啊，儿也不如他啊。”今年69岁的李苍松告诉记者，他和老伴一直住在老年公寓，不光住宿、暖气全免费，而且村里每年都给他们发放米面油等食品，还为全村人支付了新型农村合作医疗资金。据了解，代村不仅统一安排了60岁以上老年人入住老年公寓，还统一实行居民子女助学金、奖学金制度，逐步解决了群众就业、教育、就医、养老、住房等问题。

“在这个岗位上就要尽最大努力，带领群众发家致富，让他们过上幸福的生活。只要他们说我一句好，那就是对我最大的回报。”王传喜说。

（来源：《光明日报》2018年1月22日、23日）

延伸阅读

1. 赵树凯:《农民的新命》，商务印书馆2012年版。

2.《中共中央 国务院关于实施乡村振兴战略的意见》，人民出版社2018年版。

3. 姜长云等:《乡村振兴战略：理论、政策和规划研究》，中国财政经济出版社2018年版。

深度思考

1. 为什么说乡村振兴的关键是人才振兴?

2. 怎样选优配强村“两委”领导班子?

3. 怎样培养造就一支懂农业、爱农村、爱农民的“三农”工作队伍?

第七章

完善农业支持保护制度

实施乡村振兴战略是党的十九大提出的七个战略之一，其实践价值在于改善农村生活水平，建设美丽乡村，是统筹推进“五位一体”总体布局、协调推进“四个全面”战略布局的必然选择，是实现平衡和充分发展的内在要求。实施乡村振兴战略的关键在农民，落脚点在农村，重点在农业。在传统意义上，在有限交换关系条件下，农业生产按照要素资源（土地、劳动力、农业投入品）进行组织优化，从而实现产出最大化的目标。显然，这一传统的农业生产模式已经无法满足人民日益增长的美好生活需要，农业发展的约束条件越来越复杂，需要实现的目标越来越多元化，使得现代农业发展遇到前所未有的风险，不仅包括自然风险、市场风险，还有诸如社会风险、道德风险等复杂的风险。由此，完善农业支持保护制度，防范农业系统性风险，加强现代农业产业体系、生产体系、经营体系的安全，成为农业现代化进程中的工具选择。

一、完善农业支持保护制度的必要性和对策

党的十九大报告指出：“保持土地承包关系稳定并长久不变，第二轮土地承包到期后再延长三十年。”这解决了农业现代化进程中农业基础设施投入的稳定预期问题，为要素集聚提供了有力保障。但近年来我国三种粮食的亩均净利润不高、收益率不高，从要素积累角度看，这一收益

水平很难对现有要素投入形成有效激励，因此需要采取必要的农业支持保护措施，形成要素投入的正向激励，有效促进农业生产要素的必要集聚与有效积累，推动农业现代化的可持续发展。

（一）完善农业支持保护制度的必要性

新中国成立以来，中国长期通过“剪刀差”为工业发展提供积累，从取消“剪刀差”到实施“工业反哺农业”的政策转变时间非常短，农业支持保护制度作为一项制度形式存在也是这10多年才逐步形成的。由于现行农业支持保护制度实施时间不长，在面对国内复杂的农业生产形势与多目标决策的条件下，现行制度体系显示出了不适应性。

1. 政策目标的单一导致资源配置效率下降

目前来看，农业支持保护制度除了农业支持保护补贴之外，主要以挂钩方式进行的价格支持措施，包括水稻、小麦的最低收购价，玉米的生产者补贴，大豆、棉花的目标价格。传统的价格支持手段不仅扭曲了市场，而且由于政策托底形成的刚性市场预期，也不利于更好地发挥政府的作用，使得农业生产的资源配置效率下降。

2. 规模农业生产经营主体没有得到有效支持与保护

在传统意义上，如果小农经营的生计农业获得了生产者补贴，将等同于获得财政转移支付，在一定程度上可化解生产经营风险，有助于农业竞争力的提高。目前，全国土地流转面积已经覆盖了三分之一的承包地，对于流转土地从事农业生产经营的主体来说，现行农业支持保护措施等同于将财政转移支付以土地租金的形式析出给土地承包人，在一定程度上形成了承包人对经营主体的“剥削”。在理论上，农业支持保护措施应当以绿色生态为导向，用于支持耕地地力保护和粮食适度规模经营，促进农业生产力的提升。在实践上，由于大规模的土地流转形成了支持保护措施的异化，政策的精准性受到影响。现行农业支持保护措施更多地保护了生计农业，但是缺乏对商品农业生产的有效支持。更为关键的是，未来中国农业商品性生产经营主体都将以规模经营为主，在“三权分置”条件下的规模经营势必通过土地流转获得，这就意味着规模经营主体并没有获得有效的农业支持保护，使得生产经营主体的行为“裸露”在保护体制之外，妨碍了中国农业竞争力的提高。

3. 农业保护措施无法满足人民日益增长的美好生活需要

党的十九大报告指出：“中国特色社会主义进入新时代，我国社会主要矛盾已经转化为人民日益增长的美好生活需要和不平衡不充分的发展之间的矛盾。”当前，从居民食品消费总量和结构来看，人均口粮消费在逐步下降，而城镇化将带动口粮消费的进一步下降；人均肉类消费的增长将带动饲（草）料消费进一步增长。可以判断的是，未来对农产品总量的需求仍将增长，食物消费的多元化将日趋明显。现行国家层面的农业支持保护措施覆盖的品种范围包括水稻、小麦、玉米、大豆、棉花，当然在有限财力条件下优先保障粮食安全、降低敏感产品市场风险无可厚非。从国家角度来说，在更广的范围内完善农业支持保护制度是实施乡村振兴战略、坚持农村农业优先发展、加快推进农业现代化的应有之义。我国幅员辽阔，物产丰富，为确保粮食安全采取对特定产品的挂钩补贴具有现实意义，为了满足人民日益增长的美好生活需要，有必要扩大农业支持保护制度的覆盖面。农业支持保护制度在中国实施的时间不长，面对的问题也十分复杂，其初衷是在有限财政预算条件下尽可能地保障粮食安全，在全球粮食价格大幅波动的背景下，稳定国内粮食生产发挥了重要作用。由于全球大宗农产品价格持续降低，国内农业供给侧结构性改革不断深入，农业支持保护制度的缺陷也逐渐显现：一是非对称价格支持机制扭曲了市场对资源的优化配置，也干扰了政府作用的发挥；二是农业支持保护制度带来的相关利益在土地流转背景下析出为地租，并未对规模农业的生产经营主体产生保护作用，阻碍了农业竞争力的提升；三是挂钩方式不仅容易触发世界贸易组织“黄箱”补贴的天花板，同时也不能满足人民日益增长的美好生活需要。基于现有的政策与市场实践，有必要进一步完善农业支持保护制度。

（二）完善农业支持保护制度的中国方案

农业支持保护制度的设计初衷是保障粮食安全和农民利益，由于形势发展变化，有必要进行设计更新与完善。可以观察到的是，无论是大豆、棉花的目标价格还是玉米的生产者补贴，都是积极的尝试，也取得了重要的经验，相对于农业生产实践，仍然有进一步完善的空间。其背景应当在满足人民日益增长的美好生活需要的条件下，实现农村产业兴旺，促进乡村振兴与农业现代化。具体而言，其政策目标应当进行必要的扩展：确保国家粮食安全与生产者收益；优化农业生产资源的有效配置，实现市场与政府“两只手”的有机衔接；促进农业全要素生产力的全面提升，提高农业竞争力；满足人民日益增长的美好生活需要。这几个目标之间是逻辑自洽的，不存在内在矛盾，为了多个目标的同时实现，完善农业支持保护制度的关键之处在于提高政策的精准性，降低政策的执行成本，可以从以下几个方面加以努力。

1. 加强农业基础数据采集、整理与共享

农业政策的精准性需要完备的信息机制，对于农业支持保护制度来说更是如此。美国农业政策的精准性来自长期数据积累的基础，中国扶贫攻坚的精准性也是得益于精准的基础数据采集。中国拥有 1.3 亿公顷土地、2 亿多农业劳动力构成的庞大农业生产体系，基础数据的匮乏一直是影响农业政策与农产品市场作用发挥的掣肘。随着以物联网、云计算、大数据为代表的互联网技术的快速发展，加之政府对农村土地确权、农业补贴发放、扶贫攻坚等相关工作的开展，实际上中国目前已经拥有相当多的基础数据。但由于数据来源和归属的不同，导致数据之间不能互联互通，无法整合，从而影响了数据质量与功能发挥。从政府工作角度来说，应当着力破除部门之间的沟通障碍，加强对各部门涉农数据的整合与共享，充分利用第三方的技术优势与信息资源，例如村淘、京东、邮政等，逐步建立完善覆盖农村的数据采集、整理与共享机制。

2. 以风险防控逐步取代政府托底

从农业支持保护制度来看，无论是最低收购价、临时收储的托底收购政策，还是最新的目标价格与生产者补贴，其设计思路都是建立政府托底的风险保障机制。这一机制的优点在于政策力度强、执行成本低。由于土地流转等一系列的现实问题，使得这一风险保障机制的福利转化为土地租金析出，并未达到保护真正的农业生产者的目的，有必要建立一套在风险管理基础上的支持保护制度，逐步以风险补偿的方式取代托底风险保障。由于风险机制的不确定性，使得风险收益不易在土地流转中析出，达到真正保护农业生产者的目的。同时，风险防控取代政府托底，也使得政府的财政支付压力降低，有利于充分发挥财政资金的杠杆

作用，大幅度提高财政资金效率，使得农业支持保护制度的扩大覆盖面成为可能。从美国农业法案的文本与实践两个维度来看，传统的价格支持手段已经废止，美国农业安全网主要得益于完备的风险防控体系，这一点值得中国借鉴。

3. 提高贸易便利性的同时加强边境管理措施

随着中国居民消费水平不断提高，多元化消费需求日趋明显，扩大国际市场的农产品与食品进口是不可避免的，考虑到农产品与食品的特征，有必要提高贸易的便利性，提高贸易效率。农业支持保护制度并不是简单地“奖出限入”，但是随着贸易全球化与农产品市场的一体化发展，国内农业支持保护制度的运行环境变得更加复杂。多年之前对玉米采取临时收储政策时，除了玉米的替代品大量进口，下游的肉类及其制品大规模走私，大米、食糖的走私也屡禁不绝，对国内政策市场封闭运行产生了一定的破坏作用。为此，提高贸易便利性的同时加强边境管理措施，旨在规范市场运行，做到信息充分，市场透明，使得农业支持保护措施的运行环境得以优化。例如，解禁美国谷饲牛肉进口就是一种“开前门堵后门”的手段。中国作为全球最大的农产品净进口国，对农产品贸易，特别是进口的管理必须做到规范有序、信息准确。

（三）完善农业支持保护制度的对策

按照增加总量、优化存量、提高效能的原则，强化高质量绿色发展导向，加快构建新型农业补贴政策体系。按照适应世界贸易组织规则、保护农民利益、支持农业发展的原则，抓紧研究制定完善农业支持保护政策的意见，调整改进“黄箱”政策，扩大“绿箱”政策使用范围。按照更好发挥市场机制作用的取向，完善稻谷和小麦最低收购价政策。完善玉米和大豆生产者补贴政策；健全农业信贷担保费率补助和以奖代补机制，研究制定担保机构业务考核的具体办法，加快做大担保规模。按照扩面增品提标的要求，完善农业保险政策。推进稻谷、小麦、玉米完全成本保险和收入保险试点。扩大农业大灾保险试点和“保险＋期货”试点。探索对地方优势特色农产品保险实施以奖代补试点。打通金融服务“三农”各个环节，建立县域银行业金融机构服务“三农”的激励约束机制，实现普惠性涉农贷款增速总体高于各项贷款平均增速。推动农村商业银行、农村合作银行、农村信用社逐步回归本源，为本地“三农”服务。研究制定商业银行“三农”事业部绩效考核和激励的具体办法。用好差别化准备金率和差异化监管等政策，切实降低“三农”信贷担保服务门槛，鼓励银行业金融机构加大对乡村振兴和脱贫攻坚中长期信贷的支持力度，支持重点领域特色农产品期货期权品种上市。

二、实行严格的土地保护制度

耕地保护是关系我国经济和社会可持续发展的全局性战略问题。“十分珍惜和合理利用土地，切实保护耕地”是必须长期坚持的一项基本国策。应从层层落实责任、强化耕地占补平衡的法定责任、加大土地开发整理力度三方面进一步落实最严格的耕地保护制度，并建立和完善最严格的土地管理制度，加强土地资源节约和管理工作，促进经济社会发展与土地资源利用相协调。

（一）加强土地管理制度建设

党中央、国务院历来十分重视耕地保护工作，先后制定了一系列重大方针、政策，一再强调要加强土地管理，切实保护耕地。1986 年，中共中央、国务院发出《关于加强土地管理、制止乱占耕地的通知》；1992年中共中央、国务院发出《关于严格制止乱占、滥用耕地的紧急通知》；1994年发布《基本农田保护条例》；1997年，中共中央、国务院发出《进一步加强土地管理，保护耕地的通知》（中央十一号文件）；1998年，耕地保护写进了《刑法》，增设了“破坏耕地罪”“非法批地罪”和“非法转让土地罪”；2008年10月，国务院印发《全国土地利用总体规划纲要（2006—2020年）》；2017年国务院编制《全国土地整治规划（2016—2020年）》；2017年年初，国务院颁布《全国国土规划纲要（2016—2030年）》；2017年年初，中共中央、国务院下发《关于加强耕地保护和改进占补平衡的意见》；2018年，国务院办公厅印发《省级政府耕地保护责任目标考核办法》。该办法要求各省、自治区、直辖市人民政府对《全国土地利用总体规划纲要》确定的本行政区域内的耕地保有量、永久基本农田保护面积以及高标准农田建设任务负责，省长、自治区主席、直辖市市长为第一责任人。

专家观点

优化土地供给管理

党的十九大报告指出，必须坚持质量第一、效益优先，以供给侧结构性改革为主线，推动经济发展质量变革、效率变革、动力变革。土地是最基础的自然资源和经济要素。依据经济社会发展态势和资源需求变化，综合运用经济、行政、法律等手段开展土地供给管理，科学配置土地资源，是深化供给侧结构性改革的重要举措，是深入推进新型城镇化的重要途径，是推动形成绿色发展方式和生活方式的现实要求，也是提升国土资源治理水平和能力的具体体现。

党的十八大以来，我国主动适应把握引领经济发展新常态，坚持问题导向，完善制度政策，深入推进供给侧结构性改革，土地资源管护和供给水平明显提升。通过创新耕地保护机制、推进土地整治和高标准农田建设，构建起数量、质量、生态“三位一体”的耕地保护新格局，牢牢守住18亿亩耕地红线；通过优化土地供给结构、全面落实“三去一降一补”五大任务，支持新经济新产业新业态用地，强化住宅用地供给调控，有效促进实体经济平稳健康发展；通过深化“放管服”改革、优化建设用地空间布局，有效保障国家重大战略和基础设施建设用地需求；通过发挥政策优势，加大土地政策向西部地区和贫困地区倾斜的力度，有力支撑西部大开发和脱贫攻坚战略的实施；通过推进土地产权保护、深化农村土地制度改革，增强农业农村发展新动能。

——国土资源部原副部长 曹卫星

（二）进一步落实最严格的耕地保护制度

为保障国家粮食安全，实现坚决守住18亿亩耕地红线的政策目标，必须强化用途管制，进一步落实最严格的耕地保护制度。

层层落实地方各级政府主要负责人对本行政区域内的耕地和基本农田保护面积负总责。在第二次全国土地调查和“金土工程”建设的基础上，逐步建立耕地保护数据库，实现国家、省、市、县四级数据库系统的互联互通和数据的网络传输。

强化耕地占补平衡的法定责任按照“耕地实行先补后占，不得跨省区市进行占补平衡”的要求，对于非农建设占用耕地，应立足本行政辖区内补充耕地，本行政辖区内确实难以补充耕地的，可由省级国土资源部门统筹安排，在省域内进行，但必须确保补充耕地的数量和质量相当。同时落实好建设用地项目补充耕地与土地整理复垦开发项目的挂钩、补充耕地储备库和台账管理等；在进行土地利用总体规划修编和年度计划指标分配时，充分考虑当地耕地后备资源状况、补充耕地潜力等因素；杜绝只占不补、先占后补、占多补少、占优补劣的现象发生。

加大土地开发整理力度，积极补充耕地，确保实现耕地保护目标。按照国务院要求，为落实规划确定的耕地保有量指标，要进一步加大土地开发整理力度。资金是保障，要依法收缴新增建设用地土地有偿使用费，并严格按法定用途用于耕地开发。加强规章制度建设，建立健全土地开发整理项目管理办法和工程建设标准。要以落实《全国土地开发整理规划》为重点，积极实施土地开发整理重大工程，逐步实现项目布局从零星分散向突出重点、相对集中转变，扩大土地开发整理项目规模。

（三）建立和完善最严格的土地管理制度

坚持节约集约用地，是确保国家粮食安全的战略举措，也是造福子孙后代、实现中华民族伟大复兴的长远大计。我们一定要以对国家和人民高度负责、对子孙后代高度负责的精神，以供给侧结构性改革为主线，加强土地资源节约和管理工作，更加珍惜和合理利用每一寸土地，促进经济社会发展与土地资源利用相协调。第一，切实坚持和完善最严格的耕地保护制度。把划定永久基本农田作为确保国家粮食安全的基础，强化耕地保护责任制度，健全耕地保护补偿机制，从严控制各类建设占用耕地，完善耕地占补平衡制度，加快农村土地整理复垦，大规模建设旱涝保收高标准农田。确保重要农产品特别是粮食供给，是实施乡村振兴战略的首要任务。建设高标准农田，是巩固和提高粮食生产能力、保障国家粮食安全的关键举措。2019 年 11 月，国务院办公厅印发的《关于切实加强高标准农田建设提升国家粮食安全保障能力的意见》提出，要坚持夯实基础、确保产能，因地制宜、综合治理，依法严管、良田粮用，政府主导、多元参与等原则，切实加强高标准农田建设。确保到 2020 年，全国建成 8 亿亩集中连片、旱涝保收、节水高效、稳产高产、生态友好的高标准农田；到 2022 年全国建成 10 亿亩集中连片、旱涝保收、节水高效、稳产高产、生态友好的高标准农田，以此稳定保障 1 万亿斤以上粮食产能；到 2035 年全国高标准农田保有量进一步提高，不断夯实国家粮食安全保障基础。第二，切实实行最严格的节约用地制度，强化土地利用总体规划的整体管控作用，合理确定新增建设用地规模、结构、时序，降低经济增长对土地资源的过度消耗，走集约式城镇化道路，确保保障性安居工程用地供应，严格执行土地用途管制制度，完善土地使用标准。第三，切实维护群众土地合法权益，严格界定公益性和经营性用地，完善征地补偿机制，规范征地拆迁管理，加大土地督察和执法力度，维护被征地农民合法权益。第四，切实推进土地管理制度改革，健全严格规范的农村土地管理制度，加快征地制度改革，深化国有土地有偿使用制度改革，加强土地行政管理能力建设。

三、改革完善财政补贴政策

农业是具有广泛外部性的产业，但其生产的特殊性决定了它又是比较利益较低和承受风险较大的产业，这就要求政府在补贴政策的制定与实施上，既要考虑农业自身的发展，又要考虑农业对社会稳定、对国民经济其他产业发展的影响；既要注重提高农民的收入水平，又要注重农业的社会效益和生态效益。针对我国农业补贴政策存在的问题，借鉴国外农业补贴政策经验，我国农业补贴政策需从以下几个方面加以完善。

（一）重构补贴目标

单一增产目标容易导致补贴的单一性，即过于偏重对农业生产过程的补贴，忽视对农业生产外部环境的考量和补贴支持。例如，现阶段为增加粮食产量，政府加大了对粮食生产的补贴力度，补贴资金成倍增加，但收效不大。究其原因，一是种粮收益水平长期较低，粮食生产成本居高不下，粮农收入难以保证；二是农业基础设施、农业科技推广投入不足，粮食生产能力提升缓慢，劳动生产率不高；三是粮农社会保障水平低，依靠粮食收入不仅难以保障粮农及其家庭在养老、医疗卫生、子女就读高中及大学学费等长期不可预测的支出需要，而且连当前必需的生产生活支出也难以保证。针对当前国际国内粮食等主要农产品安全形势和国家财力状况，稳步提高粮食等主要农产品价格是实现农业补贴多重目标的关键。粮食等主要农产品价格上涨，短期内可能导致通胀，但可有效刺激农产品生产，增加供给，最终会使农产品价格回落到正常水平。但是，如果对粮食等主要农产品采取政府管制措施，认为农产品价格高会危及城镇居民生活，则会打击农民生产积极性，容易出现大面积撂荒现象，导致农产品生产不足，供给减少，引发农产品价格上涨，甚至出现粮食危机。我国曾多次对粮价采取价格管制措施，也着实收到应有的效果。但是，在现有市场经济条件下，简单采取价格管制手段可能难以收到较好效果。在原有体制条件下，非农产业发展不充分，农村劳动力就业渠道狭窄，粮食作为传统产品是农业生产的首选，也是主要的收入来源。在现有条件下，非农产业发展迅速，农村劳动力转移渠道拓宽，转移容易，报酬高；而粮食等主要农产品的生产比较利益低，成本高，既不能作为主要收入来源，又不能作为养老、医疗等社会保障的依靠。

诺贝尔经济学奖得主迈克尔·斯宾塞认为，对于相对贫困的人来说，食品涨价是个非常紧急的问题，这时限制出口和管制价格作为紧急应对之策是可以理解的。解决粮食问题，最关键的是市场激励，让粮价涨上去，这样农民才有生产积极性，粮食产出效率也才可能提高。在这一过程中，转移支付、农业补贴等财政手段比价格管制更有效。食品与能源在供给方面略有不同，一旦出现价格信号，农产品供给会迅速反应。长期以来，欧盟、美国一直将粮食安全、提高农业生产者收益水平、发展生态农业和增强农业竞争力作为粮食补贴的主要目标，围绕这些目标，不断优化补贴结构，使农业补贴政策成为支持与发展农业的重要手段。我国在农业补贴政策的目标构建上，应结合当前农业发展新形势、新特点，特别是在工业化、城镇化进程不断加快的背景下，着力解决农业比较利益低下、农业生态环境恶化、农产品品质与安全性堪忧、农业竞争力减弱等影响农业可持续发展的难题。

（二）完善补贴机制

1. 加大对粮食主产区和种粮大户的补贴力度

在工业化、城镇化进程中，越来越多的农民会离开农村和农业进城务工，保障粮食安全重任将更多地落在现有的粮食主产区肩上。基于我国粮食增产主要由 13 个粮食主产区和种粮大户来承担的现实，按照权利与义务对等原则，在补贴标准上应向这些为我国提前实现粮食生产目标做出重要贡献的粮食主产区和种粮大户倾斜。在现有基础上，大幅调高对粮食主产区和种粮大户的粮食直补、良种补贴和农资综合直补的额度。其中，粮食直补额和良种补贴额占当年粮食平均售价的比例宜保持在 8%～10% 的水平；农资综合直补应与当年农用生产资料价格挂钩，补贴的理论值应是完全弥补当年农用生产资料价格上涨，考虑到政府财力限制和生产资料价格上涨幅度过大过快，农资综合直补额至少应占农用生产资料上涨价格的 50%。对非粮食主产区和耕地面积较少、仅为自给而种植粮食的农户，维持现有补贴标准不变。

2. 避免省际、地市之间农户补贴标准悬殊的问题

为避免省际、地市之间农户补贴标准悬殊的问题，中央政府除鼓励一些地方政府加大对农业的配套补贴比例外，还可考虑适当降低经济发达省份的补贴额度，让这些地方政府履行更多的农业补贴责任，中央财政可将腾出的这部分补贴资金优先用于 13 个产粮大省的粮食直补和良种补贴。近年来 13 个产粮大省贡献了全国粮食总产的 75% 以上，是实实在在的粮仓，理应给予特别补贴政策支持。

3. 改进补贴方式，以提高补贴效率

现行按耕地面积补贴的方式虽然简便省事，但既不公平又缺乏效率，特别是对撂荒地、转包转租耕地农户以及在耕地上种植非农作物，如树苗、药材等也给予补贴，显然违背了农业补贴的宗旨，亟待改变，应尽快使用按照实际种粮面积发放补贴的做法。目前，有些地方通过卫星遥感技术监测农作物播种面积并以此确定补贴标准的做法并不适合在全国推行，比较有效的办法仍是加强地方政府和农村集体组织对农户实际耕种面积的核查工作，以及财政、农业、纪检监察等相关部门的抽查工作，

真正实现种粮拿补贴、不种粮拿不到补贴，在农村形成“种粮才有补贴”的良好氛围。在类似补贴上，世界上有些国家均按农户或农场主实际耕种面积核发补贴，从来没有按耕地面积发放补贴的先例。在实施补贴的初期阶段，这些国家往往派农村社区的基层官员进行核查，之后由农户或农场主自行申报。在当今许多发达国家，如美国、欧盟、日本等，冒领农业补贴行为被视为欺诈犯罪，不仅要受到法律制裁，而且会被乡邻耻笑，由此从法律和道德两个层面对农业补贴政策进行了规范，极少发生农业补贴被冒领的现象。我国农民在这一方面的观念和自觉性与发达国家农民还存在一定差距，需要各级政府加大对农业补贴政策的宣传力度，让农民深刻了解政府对农业补贴的目的。

（三）优化补贴结构

生态农业是当今世界农业发展的主线。近 10 年来，世界许多国家的农业补贴政策已由单纯追求农产品产量变为改善农业生产环境、重视农产品品质与安全性，对农民利用有机肥、节水灌溉、使用生物技术除草、除虫害等进行的生产给予额外补贴（一般采用加大补贴系数的办法）。长期以来，我国大多数农户的生产模式仍以大量施用化肥、农药、除草剂为主，导致土地肥力减退，土壤、地表水和地下水污染日益严重；草场的过度放牧、土地的不合理开发与使用所造成的水土流失、江河淤积和大气污染问题日益加重。因此，在补贴政策选择上，可从有机农产品生产上先行试点。在补贴程序上，可考虑先由公司和农户共同申报，乡镇财政所负责审核，逐级上报，单独进行补贴。考虑到补贴的效率与示范性，在试点期间，建议不接受单个农户申请，只接受公司和农户的共同申请，虽然公司不享有补贴，但可利用公司的信誉和应负的担保责任，保障补贴的公平、公正和有效（可设定农户因欺诈、冒领补贴，公司应承担的连带责任）。

（四）加快建立和完善农业保险制度体系

我国农业保险自2007年开始试点，但效果并不理想，有些地方政府和商业保险机构消极应对，农户积极性也不高，保险覆盖面始终难以有效扩大。为此，有必要借鉴国外成功经验，结合现实发展情况，加快建立和完善农业保险制度体系。在保险机构的设置上，选择世界大多数国家采取的以政府组建农业保险公司为主的政策性农业保险经营模式，由中央政府统一组建专业性农业保险公司，当前可考虑在农业发展银行基础上组建农业保险公司，在各省、自治区、直辖市农业发展银行基础上建立相应的分支机构，具体业务由县农业保险支公司负责办理。农业保险基金以政府财政补贴和农户投保保费构成，并对农业保险公司的经营管理费用和保险费给予财政补贴，以及实行免税待遇。在保险费政府补贴的分摊上，可借鉴义务教育经费的分摊机制，对于经济欠发达地区和产粮大省，中央财政承担更多的保费补贴责任，一般不要求地市级财政和县级财政配套补贴；对于经济发达省份，地方政府承担更多的保费补贴责任。

知识链接

提高农业保险服务能力

农业保险作为分散农业生产经营风险的重要手段，对推进现代农业发展、促进乡村产业振兴、改进农村社会治理、保障农民收益等具有重要作用。近年来，在党中央、国务院正确领导下，各地区、各有关部门积极推动农业保险发展，不断健全农业保险政策体系，取得了明显成效。但农业保险发展仍面临一些困难和问题，与服务“三农”的实际需求相比仍有较大差距。《关于加快农业保险高质量发展的指导意见》对“提高农业保险服务能力”作出了明确要求。

（一）扩大农业保险覆盖面。推进政策性农业保险改革试点，在增强农业保险产品内在吸引力的基础上，结合实施重要农产品保障战略，稳步扩大关系国计民生和国家粮食安全的大宗农产品保险覆盖面，提高小农户农业保险投保率，实现愿保尽保。探索依托养殖企业和规模养殖场（户）创新养殖保险模式和财政支持方式，提高保险机构开展养殖保险的积极性。鼓励各地因地制宜开展优势特色农产品保险，逐步提高其占农业保险的比重。适时调整完善森林和草原保险制度，制定相关管理办法。

（二）提高农业保险保障水平。结合农业产业结构调整和生产成本变动，建立农业保险保障水平动态调整机制，在覆盖农业生产直接物化成本的基础上，扩大农业大灾保险试点，逐步提高保障水平。推进稻谷、小麦、玉米完全成本保险和收入保险试点，推动农业保险“保价格、保收入”，防范自然灾害和市场变动双重风险。稳妥有序推进收入保险，促进农户收入稳定。

（三）拓宽农业保险服务领域。满足多元化的风险保障需求，探索构建涵盖财政补贴基本险、商业险和附加险等的农业保险产品体系。稳步推广指数保险、区域产量保险、涉农保险，探索开展一揽子综合险，将农机大棚、农房仓库等农业生产设施设备纳入保障范围。开发满足新型农业经营主体需求的保险产品。创新开展环境污染责任险、农产品质量险。支持开展农民短期意外伤害险。鼓励保险机构为农业对外合作提供更好的保险服务。将农业保险纳入农业灾害事故防范救助体系，充分发挥保险在事前风险防预、事中风险控制、事后理赔服务等方面的功能作用。

（四）落实便民惠民举措。落实国家强农惠农富农政策，切实维护投保农民和农业生产经营组织利益，充分保障其知情权，推动农业保险条款通俗化、标准化。保险机构要做到惠农政策、承保情况、理赔结果、服务标准、监管要求“五公开”，做到定损到户、理赔到户，不惜赔、不拖赔，切实提高承保理赔效率，健全科学精准高效的查勘定损机制。鼓励各地因地制宜建立损失核定委员会，鼓励保险机构实行无赔款优待政策。

——《关于加快农业保险高质量发展的指导意见》

四、推进粮食等重要农产品收储制度

现行的农业支持保护制度在粮食增产和农民增收方面发挥了重要作用，但由于其弱化了市场运行机制，不利于发挥价格和资源配置功能，并导致了一系列问题，从长远看并不利于提高农业竞争力、保护农业产业安全以及稳定农民收入。因此，要重构农业支持保护制度，改革覆盖主要农产品的价格形成机制，合理界定库存规模，加快构建以市场定价为基础、宏观调控有效运行、简便易行、低成本的农业支持保护制度。

（一）切实解决粮食收储存在的困难

一是适当加大投入，合理提高粮储仓容。应增加资金投入，新建粮储仓库，维修粮储仓库，保证粮食收购，维护农村稳定，保护农民利益，提高种粮收入。二是推进粮食流通，促进粮食转化。及时给加工企业发布市场信息，引导和促进多元收购主体有序入市，缓解国储压力；促进加工企业生产经营，通过帮助解决难题、增加加工补贴等方式，支持和鼓励粮食加工企业转化库存。

（二）扎实推进粮食收储制度改革

一要积极稳妥推进粮食收储制度改革，建立和健全主要由市场决定粮食价格的机制，深入研究完善稻谷、小麦主产区粮食收储政策，更好地发挥市场的引导调节作用，更好地保障口粮绝对安全。二要加快推进粮食“去库存”。合理确定销售计划、销售价格和销售方式。三要满足消费者日益增长的多元化、个性化、定制化粮油消费需求，引导农民调整粮食品种结构，通过市场增加收入，提高粮油有效供给，增加安全、优质、绿色、健康的中高端粮油的供给。四要加快构建国家粮食电子交易平台，实现省级粮食交易中心全覆盖及平台联网，并向市县延伸。积极引导产区、种粮农民、新型经营主体网上卖粮，引导销区、用粮企业网上买粮。

（三）优化最低价收购预案

一是在执行主体上，合力实施，分块负责；组织资金，做好准备；顺利启动，确保不出现“卖粮难”，确保不出现“打白条”。二是在收购价格上，及早做好粮食价格市场论证和成本收益调研，确保粮食收购不能违背市场规律，价格不能过低，也不能过高，确保大多数粮食产区、大多数种植者能保本略有盈利。三是在启动时间上，及早发布收购预案，及早启动开磅时间，克服等待、观望心理。市场上只能有两种价格，即高于最低价、等于最低价，这样才能托底。市场价格高于最低价时，托市收购自然停止。四是在收购库点上，考虑到散户种植的需求，原则上要保证每乡镇有一个库点。在库点设置上，要优先考虑中储粮库点。五是在收购资金上，中储粮企业收购资金由中储粮企业自行解决。地方国有粮食要及早落实好三方责任，及早落实资金。六是在粮食质量上，做好粮食质量的检验、验收。预案明确检验结果存在异议的处理办法、仲裁办法等的具体处理方法。

（四）稳步推进地方国有粮食购销企业改革

地方国有粮食购销企业的经营应坚持“政策性第一，盈利性第二”的原则。地方国有粮食购销企业的使命是面向农村，服务农民，必须紧跟农村发展的步伐，实现与农民粮食生产的有效对接，库点多少、库容大小、人员多少应与其服务、辐射的农田面积相匹配。随着农业供给侧结构性改革的推进，应严格落实国家有关规定，地方政府及其有关部门、中国农业发展银行、中国储备粮食管理集团有限公司等方面都要共同承担起各自应负的责任，真正形成对委托收储库点的监管合力，为推进收储制度改革创造良好条件。

典型案例

山东省平度市农村金融保险产品创新

平度市以“涉农、增信、普惠”三大特色为引领，积极推进农村金融供给侧结构性改革，创新涉农金融产品，引导金融资源向农村聚集，初步实现了“农村融资有渠道，农民创业有资金”的效果，撬动了更多资金服务“三农”发展。

一、推动增信扶持与风险分担机制创新

一是设立2亿元的企业扶持基金，以市场成本约1/3的费率为农创企业过桥贷款，当农创企业面临周转困难时，可以申请企业扶持基金帮助企业完成续贷，待银行放款后，企业再及时向政府还款，大幅降低企业的财务成本。二是政府出资设立“风险补偿基金”，农创企业向保险公司投保贷款保证保险，形成政府、银行和保险公司共担风险责任的合作体。银行无须农创企业提供抵押物或担保，只需凭保险公司的保单和政府增信向农创企业借款，当发生贷款逾期时，属于贷款保证保险责任范围内的事故，政府、银行和保险公司按照事先约定比例进行风险共担。三是由政府提供的风险补偿资金和企业缴纳一定比例的助保金共同构成助保资金池，当企业发生贷款逾期时，企业助保金先行代偿贷款本息，不足部分由政府风险补偿金按约定比例代偿。

二、推动农户信贷模式创新

一是开展农民专业合作社信用互助试点。利用农民专业合作信用互助业务与农民专业合作社之间共存共荣的关系，在试点合作社内部开展信用互助业务。专业合作社信用互助业务对接了农户小额、分散、季节性的资金需求，形成了内生于农民专业合作社的金融生成机制。二是开展农村承包土地经营权抵押贷款试点。农户或农创企业购买保险公司的贷款保证保险，并以农村承包土地经营权为抵押向银行申请贷款，银行向农户或农创企业发放贷款，当农户或农创企业未按合同约定履行还贷义务并在等待期结束后，由保险公司按照相关约定承担银行贷款损失赔偿责任。同时，政府设立1000万元风险补偿基

金，对保险公司超过一定比例的赔付部分给予补偿，以提升保险公司的承保意愿。三是推出“养殖户＋龙头企业＋政府＋银行＋养殖合作社＋上下游企业＋保险公司＋担保公司”的“八位一体”保姆式运作模式。平度市国有资产经营管理公司与普惠农牧投资担保有限公司共同出资成立商业性担保公司。该担保公司为农户从源头建厂规划到养殖出栏提供全方位的技术指导与专业化的金融服务。

三、推动涉农保险产品和信用体系创新

一是开展马铃薯、蒜薹等农产品蔬菜价格指数保险试点，鼓励农户或农创企业向保险公司购买保险服务（政府承担 80% 的保费），当保险农产品的实际价格低于投保价格时，保险公司对农户或农创企业进行理赔，减轻因“菜贱伤农”造成的农户损失。二是开创全国首单“政策性鸡蛋价格保险”，养殖户购买价格保险（保费的 60% 由政府补贴），在保险责任期限内，如果市场价低于保险约定价格，保险公司向养殖户进行赔付，养殖户提前锁定利润，化解价格风险。保险公司在期货公司开立期权账户，通过场外期权将赔付风险转嫁给期货公司，期货公司则利用期货市场对冲保单价格波动风险，为价格保险上“再保险”。三是建立包括政府部门、金融机构、中介机构等参与的信用评定组织与工作机制，结合农村社会治理工作，健全农村信用评定指标体系，开展信用户、信用村、信用镇评定和创建活动，发挥典型示范作用。建立农民信贷信用评定和联保制度，推动制定以信用评定为基础的农村社会成员的政策支持措施，在资金、技术服务等各方面给予优惠和支持。

（来源：中华人民共和国国家发展和改革委员会体制改革综合司网 2018 年 8 月 30 日）

五、完善农村基础配套政策制定工作

实施乡村振兴战略是党的十九大作出的重大决策部署，是新时代做好“三农”工作的总抓手。围绕“产业兴旺、生态宜居、乡风文明、治理有效、生活富裕”的总要求，应该尽快完善农村基础配套政策的制定工作，实施特色农业强优、生态环境优化、文化繁荣兴盛、治理能力提升、脱贫惠民富民、体制机制创新“六大工程”，为乡村振兴战略的顺利实施保驾护航。

（一）发展农机购置补贴政策

注重开放性。一是对纳入补贴范围的农机产品实行普惠制敞开补贴。这样更有利于集中资金保重点，促进市场公平竞争。优先保证粮食等主要农作物生产所需机具和支持农业绿色发展机具的补贴需要，逐步将区域内保有量明显过多、技术相对落后、需求量小的机具品目剔除出补贴范围。二是对纳入补贴范围的国内外农机产品一视同仁。无论国产还是进口产品，只要符合补贴资质条件，用户购买后都可以申领补贴。这有利于深化对外开放，促进国内外农机企业公平竞争，让消费者真正得到实惠。

注重安全性。尽管目前全国绝大部分农机化主管部门都在所辖部门网站上开设了农机购置补贴政策信息公开专栏，但公开内容仍以补贴政策实施方案、补贴对象姓名、补贴机具参数等信息为主，基本属于“管理公开”和“结果公开”的范畴，离“五公开”（决策公开、执行公开、管理公开、服务公开、结果公开）的要求还有很大差距，补贴的安全性较差，应该更加注重安全性。提高监管力度，提高政策的规范化、制度化和信息化水平，依法惩处失信违规行为，严格防控系统性风险。对于在政策执行层面出现的跑冒滴漏情况加大查处力度，保障政策的廉洁高效实施，不断提高政策的透明度和政策的实现度。

（二）发展新型农村合作金融组织政策

国家继续支持农民合作社和供销合作社发展农村合作金融，选择在部分地区进行农民合作社开展信用合作试点，丰富农村地区金融机构类型。国家将推进社区性农村资金互助组织发展，这些组织必须坚持社员制、封闭性原则，坚持不对外吸储放贷、不支付固定回报。国家还将进一步完善对新型农村合作金融组织的管理体制，明确地方政府的监管职责，鼓励地方建立风险补偿基金，有效防范金融风险。

（三）发展多种形式适度规模经营政策

引导土地经营权规范有序流转，创新土地流转和规模经营方式，积极发展多种形式适度规模经营。土地流转和适度规模经营必须从国情出发，要尊重农民意愿，因地制宜、循序渐进，不能搞“大跃进”，不能强制推动。土地流转要坚持农村土地集体所有制，稳定农户承包权，放活土地经营权，以家庭承包经营为基础，推进家庭经营、集体经营、合作经营、企业经营等多种经营方式共同发展；要坚持规模适度，既注重提升土地经营规模，又防止土地过度集中，兼顾公平与效率，提高劳动生产率、土地产出率和资源利用率；要坚持市场在资源配置中起决定性作用和更好发挥政府作用，既促进土地资源有效利用，又确保流转有序规范，重点支持发展粮食规模化生产。鼓励和支持承包土地向专业大户、家庭农场、农民合作社流转，发展多种形式的适度规模经营。各地要依据自然经济条件、农村劳动力转移情况、农业机械化水平等因素，研究确定适宜本地区土地规模经营的标准。防止脱离实际、违背农民意愿，片面追求超大规模经营的倾向。在现阶段，对土地经营规模相当于当地户均承包地面积10倍至15倍、务农收入相当于当地二三产业务工收入的，应当给予重点扶持。

延伸阅读

1. 韩长赋：《改革创新促发展 兴农富民稳供给》，人民出版社2012年版。

2. 中共中央文献研究室：《习近平关于社会主义经济建设论述摘编》，中央文献出版社2017年版。

3. 中共中央党史和文献研究院：《习近平扶贫论述摘编》，中央文献出版社2018年版。

深度思考

1. 为什么要完善农业支持保护制度？如何完善？

2. 如何理解"实行严格的土地保护制度"？

3. 如何完善农村金融保险政策和农产品贸易调控政策？

第八章

走城乡融合发展之路

随着新型城镇化和新农村建设的深入推进，我国城乡之间的相互联系、相互作用、相互影响不断增强，城乡之间的人口、资源、要素、产权流动甚至交叉重组关系日益强化，对城乡发展的影响不断深化；城乡之间日益由外部的、表层的联系和作用转化为内部的、深层的融合渗透和有机联系，有些地方甚至城乡边界日益模糊，城乡之间日益呈现出“你中有我，我中有你”的关系。在此背景下，单靠城乡统筹和促进城乡一体化发展，已经越来越难以满足新时代科学处理城乡关系的新要求，越来越难以顺应新时代社会主要矛盾的变化和城乡关系的重塑。城乡统筹主要强调政府资源的统筹分配，但引导社会资源、资本和人才支持“三农”发展，容易成为其薄弱环节。促进城乡发展一体化范围较广，但其主要通过加强对“三农”发展的外部支持和“以城带乡”，弥补“三农”发展的短板，从而让“三农”发展赶上城市发展的步伐。相对城乡统筹和促进城乡发展一体化，建立健全城乡融合发展体制机制和政策体系，更容易把关注的焦点转向优化城乡之间的融合渗透、良性循环和功能耦合关系。在新时代构建新型工农城乡关系，推进工业化、信息化、城镇化和农业现代化同步发展，亟待顺应城乡关系和解决“三农”问题时代条件、实践要求的变化，在继承城乡统筹、促进城乡发展一体化新格局基础上有所超越，应将建立健全城乡融合发展体制机制和政策体系作为新要求、新导向。

一、加快建立健全城乡融合发展体制机制和政策体系

习近平总书记指出，在现代化进程中，如何处理好工农关系、城乡关系，在一定程度上决定着现代化的成败。要走城乡融合发展之路，向改革要动力，加快建立健全城乡融合发展体制机制和政策体系，健全多元投入保障机制，增加对农业农村基础设施建设投入，加快城乡基础设施互联互通，推动人才、土地、资本等要素在城乡间双向流动。党的十九大也作出了重大决策部署，明确提出要建立健全城乡融合发展体制机制和政策体系。现阶段推进城乡融合发展，有着现实而深刻的时代背景，也有着重大而深远的历史意义，既是破解新时代社会主要矛盾的关键抓手，又是现代化的重要标志，也是拓展发展空间的强大动力。建立健全城乡融合发展的体制机制和政策体系，是乡村振兴和农业农村现代化的制度保障。发布的《中共中央 国务院关于建立健全城乡融合发展体制机制和政策体系的意见》指出："改革开放特别是党的十八大以来，我国在统筹城乡发展、推进新型城镇化方面取得了显著进展，但城乡要素流动不顺畅、公共资源配置不合理等问题依然突出，影响城乡融合发展的体制机制障碍尚未根本消除。"为此，我们要充分认识建立健全城乡融合发展体制机制和政策体系的意义，探索如何建立健全城乡融合发展体制机制和政策体系，高度重视并科学对待进城农民工融入城市问题。

知识链接

建立健全城乡融合发展体制机制和政策体系的指导思想和基本原则

《中共中央 国务院关于建立健全城乡融合发展体制机制和政策体系的意见》明确指出了建立健全城乡融合发展体制机制和政策体系的指导思想和基本原则。

建立健全城乡融合发展体制机制和政策体系的指导思想：

以习近平新时代中国特色社会主义思想为指导，全面贯彻党的十九大和十九届二中、三中全会精神，紧紧围绕统筹推进“五位一体”总体布局和协调推进“四个全面”战略布局，坚持和加强党的全面领导，坚持以人民为中心的发展思想，坚持稳中求进工作总基调，坚持新发展理念，坚持推进高质量发展，坚持农业农村优先发展，以协调推进乡村振兴战略和新型城镇化战略为抓手，以缩小城乡发展差距和居民生活水平差距为目标，以完善产权制度和要素市场化配置为重点，坚决破除体制机制弊端，促进城乡要素自由流动、平等交换和公共资源合理配置，加快形成工农互促、城乡互补、全面融合、共同繁荣的新型工农城乡关系，加快推进农业农村现代化。

建立健全城乡融合发展体制机制和政策体系的基本原则：

（1）坚持遵循规律、把握方向。顺应城镇化大趋势，牢牢把握城乡融合发展正确方向，树立城乡一盘棋理念，突出以工促农、以城带乡，构建促进城乡规划布局、要素配置、产业发展、基础设施、公共服务、生态保护等相互融合和协同发展的体制机制。

（2）坚持整体谋划、重点突破。围绕乡村全面振兴和社会主义现代化国家建设目标，强化统筹谋划和顶层设计，增强改革的系统性、整体性、协同性，着力破除户籍、土地、资本、公共服务等方面的体制机制弊端，为城乡融合发展提供全方位制度供给。

（3）坚持因地制宜、循序渐进。充分考虑不同地区城乡融合发展阶段和乡村差异性，稳妥把握改革时序、节奏和步骤，尊重基层首创精神，充分发挥地方积极性，分类施策、梯次推进，试点先行、久久为功，形成符合实际、各具特色的改革路径和城乡融合发展模式。

（4）坚持守住底线、防范风险。正确处理改革发展稳定关系，在推进体制机制破旧立新过程中，守住土地所有制性质不改变、耕地红线不突破、农民利益不受损底线，守住生态保护红线，守住乡村文化根脉，高度重视和有效防范各类政治经济社会风险。

（5）坚持农民主体、共享发展。发挥农民在乡村振兴中的主体作用，充分尊重农民意愿，切实保护农民权益，调动亿万农民积极性、主动性、创造性，推动农业全面升级、农村全面进步、农民全面发展，不断提升农民获得感、幸福感、安全感。

（一）建立健全城乡融合发展体制机制和政策体系的意义

建立健全城乡融合发展体制机制和政策体系，属于促进城乡发展一体化的重要内容，但站位更高远，内涵更丰富，政策指向更鲜明；更要求通过体制机制改革和政策创新，重塑工农互促、城乡互补、全面融合、共同繁荣的新型工农城乡关系；更要求结合推进农业农村优先发展，引导资源、要素和人才更多地参与“三农”发展，解决城乡发展失衡，农业农村农民发展不充分的问题，让广大农民在共商共建共享乡村振兴的过程中有更多的获得感、安全感、幸福感。建立健全城乡融合发展体制机制和政策体系，有利于重塑新型城乡关系，走城乡融合发展之路，促进乡村振兴和农业农村现代化，更加满足城乡居民不断增长的美好生活需要。因此，建立健全城乡融合发展的体制机制和政策体系，越来越成为新时代解决“三农”问题的时代课题，成为重塑新型工农城乡关系的行动指南。

（二）建立健全城乡融合发展体制机制和政策体系的目标和举措

《中共中央 国务院关于建立健全城乡融合发展体制机制和政策体系的意见》明确指出了建立健全城乡融合发展体制机制和政策体系的主要目标。建立健全城乡融合发展的体制机制和政策体系，需要按照实现“两个一百年”奋斗目标的战略部署，并与乡村振兴战略规划进行紧密衔接，分为“三步走”。第一步：到 2022 年，城乡融合发展体制机制初步建立。城乡要素自由流动制度性通道基本打通，城市落户限制逐步消除，城乡统一建设用地市场基本建成，金融服务乡村振兴的能力明显提升，农村产权保护交易制度框架基本形成，基本公共服务均等化水平稳步提高，乡村治理体系不断健全，经济发达地区、都市圈和城市郊区在体制机制改革上率先取得突破。第二步：到 2035 年，城乡融合发展体制机制更加完善。城镇化进入成熟期，城乡发展差距和居民生活水平差距显著缩小。城乡有序流动的人口迁徙制度基本建立，城乡统一建设用地市场全面形成，城乡普惠金融服务体系全面建成，基本公共服务均等化基本实现，乡村治理体系更加完善，农业农村现代化基本实现。第三步：到本世纪中叶，城乡融合发展体制机制成熟定型。城乡全面融合，乡村全面振兴，全体人民共同富裕基本实现。

鉴于我国“三农”问题乃至城乡关系的复杂性和多样性，在建立健全城乡融合发展体制机制和政策体系的过程中，加强顶层设计至关重要。加强规划研究、编制和实施，是加强顶层设计的重要方式，有利于更好地发挥实施乡村振兴战略管全局、管长远的作用。要以此为契机，按照推进城乡融合发展的要求统筹谋划，注重增强城乡发展的协同性、关联性和整体性，让“建立健全城乡融合发展体制机制和政策体系”有效落地生根。

首先，要为发挥城市群和大城市、特大城市等区域中心城市对乡村振兴的引领带动作用创造条件。所处区域在城市群或城镇格局中的相对地位，应该是重点选择和分类施策的重要依据，要优先支持处于或邻近结点位置的县乡村率先振兴。随着交通运输体系的完善，特别是高铁网络对城市群和城镇格局影响的深化，城市群和区域中心城市对推进城乡融合发展的影响将会不断深化。要结合推进体制机制改革和政策创新，注意加强城际交通网络和交通连接线建设，为更好地发挥城市群和区域中心城市在城乡融合发展中的引领带动作用创造条件。

其次，推进城乡规划、基础设施和公共服务一体化。促进公共资源在城乡间均衡配置，统筹规划或布局城乡基础设施网络和生态环保设施，推动城镇公共服务向农村延伸；鼓励政府把社会事业发展的重点放在农村和接纳农业转移人口较多的城镇，促进城乡基本公共服务制度并轨和一体化发展。

再次，引导农村二三产业向县城、重点乡镇和产业园区集中，按照主体功能布局引导优化美丽乡村建设。

最后，按照推进乡村全面振兴的要求，统筹布局农村乃至城乡生产空间、生活空间和生态空间。

专家观点

破除城乡二元结构走城乡融合发展道路

没有农业农村现代化，就没有整个国家现代化。如何处理好工农关系、城乡关系，在一定程度上决定着社会主义现代化进程的成败。40 年前，我们通过农村改革拉开了改革开放大幕，我国城乡格局发生翻天覆地的变化，为我国经济实现持续快速增长和城乡居民生活持续改善作出了极为重要的贡献。同时也要看到，在许多领域城乡二元结构问题还较为突出，城乡发展差距仍然较大，特别是破除城乡二元结构，加快建立城乡融合发展体制机制和政策体系尤为迫切。40 年后的今天，我们应该通过振兴乡村开启城乡融合发展和现代化建设新局面。习近平总书记强调，要走城乡融合发展之路，向改革要动力，加快建立健全城乡融合发展体制机制和政策体系。

——中央农村工作领导小组办公室副主任 韩俊

（三）高度重视并科学对待进城农民工融入城市问题

农民工根在农村，工作和生活在城市，与城乡融合发展高度相关。城镇化的本质是农民市民化，加快农业转移人口市民化是实施区域协调发展战略的重要内容。引导农民工有序进城并融入城市，也是当前乃至今后一段时期推进城镇化的重点。党的十九大报告要求，“完善促进消费的体制机制，增强消费对经济发展的基础性作用”，“在中高端消费、创新引领、绿色低碳、共享经济、现代供应链、人力资本服务等领域培育新增长点、形成新动能”。日益壮大的农民工队伍是未来消费结构升级的重要接续力量，由此带动的农业转移人口市民化对增强消费对经济发展的基础性作用，可以产生举足轻重的影响。近年来，农业转移人口成为城镇居民的规模迅速扩大，日益成为城市经济、政治、文化、社会、生态文明建设的重要参与者，也是培育农业农村发展新动能的骨干探索者。党的十九大报告和2018年中央一号文件都要求，要促进农村一二三产业融合发展，支持和鼓励农民就业创业，拓宽增收渠道。农民工的经历和阅历对于锻炼和提升农民就业创业创新能力、推进农村一二三产业融合发展，也是很好的支撑。要用包容发展的心态、战略性的眼光和社会责任意识，科学对待农民工进城问题，积极引导具备条件的进城农民工有序融入城市。

二、健全多元投入保障机制

城乡融合发展，必须有资金的支持，健全多元投入保障机制势在必行。《中共中央 国务院关于建立健全城乡融合发展体制机制和政策体系的意见》对“健全财政投入保障机制”作出明确要求：“鼓励各级财政支持城乡融合发展及相关平台和载体建设，发挥财政资金四两拨千斤作用，撬动更多社会资金投入。建立涉农资金统筹整合长效机制，提高资金配置效率。调整土地出让收入使用范围，提高农业农村投入比例。支持地方政府在债务风险可控前提下发行政府债券，用于城乡融合公益性项目。”

（一）要形成乡村振兴的多元投入格局

乡村振兴战略，作为新时代“三农”工作的总抓手，是一项长期而艰巨的任务，需要投入的资金量极其庞大。资金在市场经济中始终是稀缺要素，在某种程度上对乡村振兴资源配置具有决定性影响。满足乡村振兴的巨量资金需求，必须拓宽投入渠道，形成多元投入格局。

对“三农”的资金投入，现有渠道主要是财政和金融。在财政收支形势趋紧的背景下，国家仍坚持把“三农”作为公共财政的支出重点，优先保障“三农”投入稳定增长。2018 年发布的《中共中央 国务院关于实施乡村振兴战略的意见》更是明确要求“公共财政更大力度向‘三农’倾斜，确保财政投入与乡村振兴目标任务相适应”。所以相对来说，在财政方面，“三农”的资金投入保障基本不存在问题，但是金融和社会资本投资“三农”的动力不足，增长缓慢。

如何在确保财政对乡村振兴投入不断增长的前提下，吸引更多金融资本和社会资本投入乡村振兴，发挥财政资金“四两拨千斤”的作用，是一个迫切需要从制度上解决的问题。解决这个难题，需要将财政资金与金融投入有机地结合起来。

长期以来，城市从农村征用的土地，其出让收益主要用于城市，而直接用于乡村建设的比重严重偏低。拓宽投入渠道，必须改变土地出让收益不下乡的格局，应把土地增值收益更多地用于支持乡村振兴。对此，《中共中央 国务院关于实施乡村振兴战略的意见》明确提出：“调整完善土地出让收入使用范围，进一步提高农业农村投入比例。”

（二）要优先满足乡村公共事业发展的需求

“产业兴旺、生态宜居、乡风文明、治理有效、生活富裕”是实施乡村振兴战略的总要求。因此，要加强农村生态文明建设，加大农村人居环境整治，推进农村基础设施建设提档升级；要加强乡村文化建设和治理体系建设，为农民提供均等的公共服务。这些建设和服务供给所需要的投入保障，都具有公共品的属性，需要政府来承担。实际上，进入21世纪后特别是党的十八大以来，各地按照以城带乡、城乡统筹、城乡一体化要求推进农村基础设施建设，改善社会基本服务，特别是村村通工程基本实现，农村教育、卫生和文化等事业不断发展，这都是政府不断加大投入的结果。党的十九届四中全会审议通过的《中共中央关于坚持和完善中国特色社会主义制度、推进国家治理体系和治理能力现代化若干重大问题的决定》明确指出，“完善城乡公共文化服务体系，优化城乡文化资源配置”。这对走城乡融合之路提出了新的要求。

除了公共品和公共服务需要政府加大投入，乡村产业兴旺更需要政府投入。解决财政投入分散以及与需求脱节问题，必须进一步做好涉农财政资金整合。由此，《中共中央 国务院关于实施乡村振兴战略的意见》明确提出“优化财政供给结构”“加快建立涉农资金统筹整合长效机制”。

（三）促进金融机构把乡村振兴投入作为重点

为了缓解农民贷款难、贷款贵，我国加大了农村金融改革力度，虽然“三农”贷款有所增加，但现有农村金融体系提供的贷款和服务与乡村振兴所需巨量资金还很难匹配。解决这个难题，还需要进一步推动农村金融改革发展。

农村金融改革发展，既要做大做强现有的农村金融机构，又要在控制风险的前提下创新农村金融发展。农村金融机构发展壮大，必须避免离农倾向。《中共中央 国务院关于实施乡村振兴战略的意见》提出“推动农村信用社省联社改革，保持农村信用社县域法人地位和数量总体稳定，完善村镇银行准入条件，地方法人金融机构要服务好乡村振兴。普惠金融重点要放在乡村”，可谓切中要害。《中共中央 国务院关于建立健全城乡融合发展体制机制和政策体系的意见》对“完善乡村金融服务体系”作出进一步要求：“加强乡村信用环境建设，推动农村信用社和农商行回归本源，改革村镇银行培育发展模式，创新中小银行和地方银行金融产品提供机制，加大开发性和政策性金融支持力度。依法合规开展农村集体经营性建设用地使用权、农民房屋财产权、集体林权抵押融资，以及承包地经营权、集体资产股权等担保融资。实现已入市集体土地与国有土地在资本市场同地同权。建立健全农业信贷担保体系，鼓励有条件有需求的地区按市场化方式设立担保机构。加快完善农业保险制度，推动政策性保险扩面、增品、提标，降低农户生产经营风险。支持通过市场化方式设立城乡融合发展基金，引导社会资本培育一批国家城乡融合典型项目。完善农村金融风险防范处置机制。”

（四）鼓励引导社会资本更多投入乡村振兴

引导社会资本投入乡村振兴，既要靠热情，更要靠投资保护和回报。《中共中央 国务院关于实施乡村振兴战略的意见》提出“实施乡村振兴战略，必须把制度建设贯穿其中。要以完善产权制度和要素市场化配置为重点，激活主体、激活要素、激活市场”，这能够激发市场主体积极性，吸引更多社会资本投入乡村振兴。

例如，农村承包地“三权分置”制度，在依法保护集体土地所有权和农户承包权的前提下，平等保护土地经营权。类似这样的制度落实到位，对于吸引社会资本下乡并带动智力和管理等下乡，能够发挥重要的推动作用。

典型案例

撬动社会资本 助力乡村振兴

为破解“三农”融资难、融资贵的难题，浙江省桐庐县积极探索市场化运作的尝试，设立了全省首个美丽乡村发展基金。按照“政府引导、市场运作、放大资本、分类管理、滚动发展”的原则，撬动金融资本和社会资本共同投资美丽乡村建设，促进农业农村发展。

富春江乡村慢生活体验区管委会根据自身的实际和发展要求，将体验区（芦茨村、茆坪村、石舍村）内有开发价值的闲置房屋、土地资源收储，投资民宿、文创项目、文旅活动等产业项目。桐庐县美丽乡村发展基金作为该县乡村振兴战略的重要载体，经过项目筛选、路演、尽职调查和基金决策委员会的投资决策会议层层把关，最终通过了慢生活体验区资源收储项目，成为首批基金投资项目。

据了解，2017 年 8 月，桐庐县出台了《美丽乡村发展基金实施方案》，并注册成立了桐庐县美丽乡村建设投资有限公司，负责基金的日常运营管理。目前公司已与桐庐农村商业银行达成战略合作协议，基金规模 5 亿元，其中县财政首期出资 5000 万元。

经过半年多的运行，截至 2018 年年初，基金共筛选首批投资项目 3 个，投资金额 1600 万元。此外还有 11 个乡镇（街道）39 个行政村申报项目 58 个，建设概算 6.03 亿元，申请基金 2.66 亿元。

桐庐县美丽乡村建设投资有限公司负责人俞世群说："接下来，我们将通过带动乡镇成立子基金，撬动社会资本注入我们的美丽基金，拉动我们金融的、银行的投贷联合，把我们的美丽乡村基金做大。发挥我们财政资金'四两拨千斤'的作用，加大对美丽乡村的投入力度，支撑桐庐美丽乡村建设，向更高、更美、更强、更优发展。"

三、建立健全有利于城乡要素合理配置的体制机制

城乡要素流动不顺畅，是城乡二元壁垒的突出体现。建立健全有利于城乡要素合理配置的体制机制，既是提高经济效率、提升全员劳动生产率、降低交易成本的关键制度，又是提高社会运行效率、降低社会成本的重要制度。因此，要坚决破除妨碍城乡要素自由流动和平等交换的体制机制壁垒，促进各类要素更多向乡村流动，在乡村形成人才、土地、资金、产业、信息汇聚的良性循环，为乡村振兴注入新动能。《中共中央 国务院关于建立健全城乡融合发展体制机制和政策体系的意见》提出了9项改革举措，主要是健全农业转移人口市民化机制、建立城市人才入乡激励机制、改革完善农村承包地制度、稳慎改革农村宅基地制度、建立集体经营性建设用地入市制度、健全财政投入保障机制、完善乡村金融服务体系、建立工商资本入乡促进机制、建立科技成果入乡转化机制。

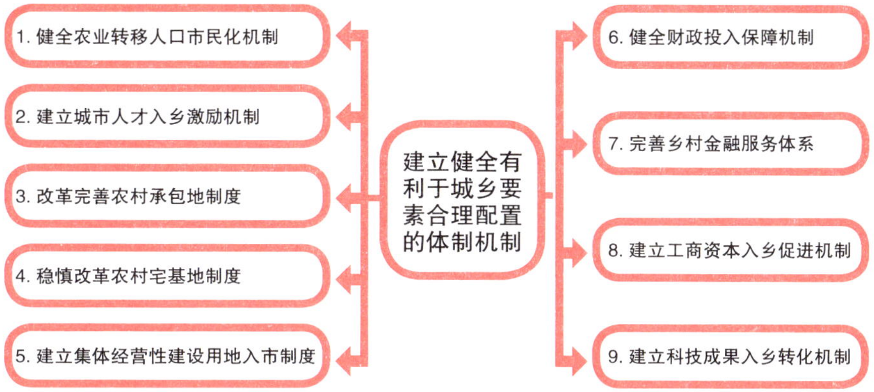

建立健全有利于城乡要素合理配置的体制机制

（一）城乡界面视角下城乡要素双向合理流动机制

城乡界面作为承载城乡两系统要素交换的重要载体，既是城乡融合的接口，也是城乡冲突的当口。因此，从这一视角探索城乡间要素交换流动的客观规律乃至城乡一体化协调发展的机制，不失为一种有意义的尝试。从城乡界面在城乡要素流动中所发挥的功能、效应以及若干特征入手，结合现阶段我国城乡要素流动的新特征，演绎推导出如下政策启示。依据城乡界面“交换、卫护”功能在时间上的演变特征，以及经济效应在空间上的演变特征，制定符合城乡统筹发展不同阶段、不同地域的指导性政策，同时深入探索统一的城乡要素市场建设，改变现有城乡要素交换不平等的现状，调整要素比价关系，促进乡村价值回归。

改革开放以来，我国经济社会发展成绩斐然，但一个结构性问题依然存在，即城乡发展不均衡，城乡经济割裂现象依然明显。该问题的长期延续，一方面延迟了“三农”问题的解决，另一方面也给我国新型工业化、城镇化的发展制造了更多障碍。由于“三农”问题以及城市发展问题是一对互动的、不可分割的系统问题，因此，打破城乡壁垒、推进城乡一体化始终是我国改革发展的一项重要战略。城乡一体化的本质诉求是实现生产要素在城乡间的双向自由流动、平等交换以及均衡配置，进而使农村居民和城市居民共享社会发展成果。新古典经济学对这一论断较早进行了阐述，认为如果市场不存在要素流动性障碍，那么借助农业富余劳动力转移这一过程，就可以实现农业与非农产业的劳动生产率趋同；新二元经济增长理论对此也有类似述评，认为发展中国家的要素市场一般都不完善，受制度、市场垄断等因素影响，农业与非农部门两者间的生产要素无法充分自由流动，进而会对城乡二元经济结构的转化产生不利影响。因此，破除城乡间要素流动在体制机制上的障碍，应是我国城乡一体化战略推进的切入点。

（二）城乡双向流动框架下乡村振兴的保障机制

实现乡村振兴的过程，实际上是城乡要素双向流动的过程。长期以来我国农村大量生产要素源源不断地单向流入城市，造成农村严重“失血”。在新型城乡关系中，农村要素流向城市，城市要素也流向农村，会形成一种城乡要素双向流动的良性循环。乡村通过汇集各种要素，引发创业热潮，催生新业态，促进乡村产业兴旺，以此推进乡村经济社会全面发展，实现乡村振兴。目前我国还面临诸多阻碍城乡要素双向流动的问题，需要构建要素主体共享的利益联结机制、市场主导和政府引导相结合的功能互补机制、各项政策的协调配套机制以及乡村内生发展动力机制，以保障城乡要素双向流动，特别是要引导生产要素向农村流动。

专家观点

推动城乡双向流动的新型城镇化

乡村文明建设不能仅局限于乡村之中，还应该与城市化同步进行。这就涉及一个新的观念，即我们需要中国特色的城市化。这种城市化应该是城乡双向流动的新型城镇化，要从城市和乡村两方面来进行治理，不能简单认为我国所有的乡村问题都能依靠一方单独解决。这种思维显然不符合马克思主义辩证法，也不符合中国思维，更不符合中国国情。

理想的城镇化应该是乡村与城市二元共生的城镇化，在这种城镇化中可以形成诗意乡村、温馨小镇、田园城市的格局。要实现这种城镇化，首先，要推动乡村生活与城市生产、乡村自然资本与城市货币资本的双向交换，形成乡村资源与城市资源配置的新格局。其次，现在的人们可以像候鸟一样根据希望的生活方式改变居住地。可以在儿童时期去乡村接受自然教育，在青年时期去城市创业发展，老年时又可以回到乡村养老。在城镇化的过程中，要出台政策促使乡村和城市“联姻”，让城市和乡村走得更近，共建互助共享的新生活。

——原国家行政学院生态文明研究中心主任 张孝德

1. 兼顾不同要素主体的利益

让城乡居民共享农村发展成果，这是激发各类主体参与乡村建设和发展的最根本的动力。第一，按照机会均等的原则，给农民参与乡村产业振兴的机会。乡村产业振兴以农村农业为基础，而农民对农业及其衍生产业的熟悉具有天然优势，让农民参与其中，让城市产业要素与农村的生产资料和劳动力相结合，提供具有浓烈乡土气息的产品与服务，利用乡土差异化实现价值增值和财富增长，不仅使农民的生产生活正常延续，也使农村特色能够吸引更多人进入农村。第二，按照利益共享的原则，让农民获得应有的回报。城市要素为利而来，但不能忽视农民的获得感和利益诉求。在要素产生的增值收益中，需要更多关注利益分配，尤其要关注如何使产业发展的成果惠及更多的农民。通过农业产业化，把农业生产诸要素的配置与使用整合为一个有机体，使农业生产各环节的主体通过利益链条联结起来，借助不同产业组织形式，让农民手中的生产要素参与利益分配，根据要素贡献获取相应回报。比如，积极探索合同制、股份制、股份合作制等经营组织形式，推动龙头企业与农户之间建立稳固的利益联结关系，使农户作为土地要素主体获得相应回报；鼓励城市要素通过农业产业链的节点催生新业态，大力发展休闲、观光、生态、养生等现代农业，让农民作为乡村产业的参与者获得合理的利益回报。只有这样，城乡要素才能实现双向互动、融合共生。

2. 让市场机制起决定性作用

城乡要素自由流动是市场经济的内在要求，推进城乡要素双向自由流动，必须尊重市场规律。运用市场规律，推动传统生产方式向现代生产方式转变，激活农村要素和市场，在价格和利润诱导下兴起农村创业热潮，激活乡村发展的内生动力，改变资源要素配置到农业农村回报率低的状况，引导生产要素向农村流动和聚集。但受资本逐利驱动，目前农村要素依然大量流向城市，城市要素不愿意流向农村。这就需要国家政策进行要素流向的调节，强化乡村振兴制度性供给。通过政府规划引领机制、政策导向机制、制度保障机制，营造自由流动的环境。积极鼓励和引导要素流向农村，尤其是要鼓励农民工带着资本、技术和项目返乡创业，进而实现资源要素由单向转向双向的合理流动。政府和市场的调控是两个最基本的手段，二者互相促进、互为补充。乡村经济发展更多依靠市场的手段，乡村的建设则更多要运用政府的调控，但政府的行为边界应当有所限制，特别是不能以超强的行政手段高度集中和分配资源的方式来推进乡村振兴，不能以损害乡村发展中要素配置机制和产业发展中的市场运行制度为代价来实施乡村振兴。

3. 发挥政策的组合效应

建立各项政策的协调配套机制。乡村振兴是一项复杂的系统工程，涉及乡村与城市、经济与社会、人口与资源环境等多个方面。系统内多要素、多环节相互作用、相互影响，彼此多维联动。因此，在引导生产要素向农村聚集过程中，政府政策不能是某一政策的单兵突进、局部环节着力，而应建立一套完整系统的政策体系，多项政策同向着力，发挥好政策的组合效应。第一，做好财政政策与货币政策的协调配合。在财政政策上，一方面确保财政支出向农村倾斜，继续在税收、投资、奖补、风险补偿等方面加强探索，多管齐下，形成完善的财政支农投入机制；另一方面通过贴息、担保等方式，发挥财政资金的杠杆作用，引导金融资本和社会资本更多地投向农村。比如，积极发展农村普惠金融，加快设立国家融资担保基金，因地制宜推广政府和社会资本合作（PPP）、政府购买服务等方式，推动建立财政、银行、保险、担保“四位一体”的多元化立体型支农政策体系，为乡村振兴提供可靠的资金保证。在货币政策上，充分发挥货币政策工具投向和利率“双引导”作用，在再贷款、再贴现等方面给予优先支持。第二，协调好财政货币政策与其他经济政策的组合效应。促进生产要素向农村流动，不仅需要财政政策和货币政策的配套支持，还需要产业政策、土地政策、就业政策、社会保障政策等方面的相互协调。乡村振兴首先是农村产业振兴，在新兴产业政策的支持下，农村掀起创业热潮，一些新产业、新业态应运而生，而产业政策的支持资金主要来自财政或金融部门。在乡村振兴中，“人、地、钱”是最基本的要素，三者只有实现优化组合，才能发挥最大效应。在土地流转政策支持下，土地实现规模化、集约化经营，大量剩余劳动力会从土地中解脱出来，这些劳动力是就地安置还是进城打工，就需要有就业政策和社会保障政策的配合。

知识链接

PPP 模式

PPP（Public-Private Partnership），又称 PPP 模式，即政府和社会资本合作，是公共基础设施中的一种项目运作模式。在该模式下，鼓励私营企业、民营资本与政府进行合作，参与公共基础设施的建设。

按照这个广义概念，PPP 是指在政府公共部门与私营部门合作过程中，让非公共部门所掌握的资源提供公共产品和服务，从而实现合作各方达到比预期单独行动更为有利的结果。与基础设施投资、建设与经营（BOT）相比，狭义 PPP 的主要特点是，政府对项目中后期建设管理运营过程参与更深，企业对项目前期科研、立项等阶段参与更深。政府和企业都是全程参与，双方合作的时间更长，信息也更对称。

4. 通过改革和制度创新激发内在活力

第一，在乡村振兴的主体“人”身上下功夫。一要切实提升农民的精神风貌和综合素质，有效激发农民建设乡村的积极性和主动性，唤醒农民的角色意识，要让广大农民对乡村振兴有认同感和归属感，增强农民真本领，使其以巨大的热情、切实的工作投入乡村振兴的实践中。二要为留乡创业农民和返乡创业农民提供用武之地，积极鼓励青年农民扎根农村，鼓励农民工特别是优秀青年农民工返乡创业，通过营造良好氛围和出台相关政策等方式，让农民看到从事乡村职业的发展前景，为他们搭建实现乡村梦的平台。三要实施“新乡贤培育计划”，注重乡村人力资源建设，有针对性地对本乡本土的农民进行技能教育和培训，充分挖掘农村中有胆识、有魄力的“能人”，充实乡村发展的中坚力量。第二，加强农村吸纳生产要素的机制和载体建设。一方面，乡村要立足自身的特色资源，大力发展特色效益产业。要充分挖掘乡村的产业、生态、历史文化资产，因地制宜进行合理开发利用，将特色资源活化为发展资本，以产业发展和良好经济效益吸引各类生产要素向农村汇聚，不断壮大农村经济实力。比如，以生态农业为根基，开发和利用农业的休闲观光属性、教育属性、健康属性等，拓展除农产品收入外的多重收入，把这个优势转换成产业发展的比较优势。另一方面，要在国家政策的支持下，补齐乡村基础设施与公共服务设施方面的“短板”，改善农村生活环境，加大对乡村教育、科技、卫生、文化等公共资源的投入，缓解农村人口素质相对偏低、人才缺乏的状况，不断提升农民自身的素质和能力。第三，提升乡村的治理能力和文化内涵。乡村治理能力的现代化是实施乡村振兴战略的主要目标之一，科学有效的乡村治理能力有利于汇集乡村振兴的多方力量在法治的维度下共谋共建。要创新村民自治的方式和方法，融合乡贤等农村精英元素，搭建高效有序的村民自治和互助平台，以更加浓厚的“乡情”凝人心、聚人气、振精神，提高自我服务和管理能力。同时，要大力培育乡村文明新风，积极弘扬优秀传统文化，营造文明和谐的生活氛围，努力打造村民幸福生活、美好家园。

四、建立健全有利于城乡基础设施一体化发展的体制机制

从国际经验看，率先推动城乡交通等基础设施互联互通，是一些发达国家推动城乡融合发展的最直接措施，贯穿于城镇化的每个阶段。近些年来，我国乡村的基础设施建设取得长足进步，但与城市相比仍然十分滞后。必须把公共基础设施建设的重点放在乡村，坚持先建机制、后建工程，推动乡村基础设施提档升级，加快实现城乡基础设施的统一规划、统一建设、统一管护。

城乡基础设施差距大，极大影响着城乡融合发展的进程。《中共中央国务院关于建立健全城乡融合发展体制机制和政策体系的意见》提出了3项改革举措，主要是建立城乡基础设施一体化规划机制，推动城乡路网的一体规划设计，统筹规划重要市政公用设施和城乡污染物的收运处置体系；健全城乡基础设施一体化建设机制，区分公益性和经营性设施，对建设投入主体予以明确；建立城乡基础设施一体化管护机制，明确乡村基础设施的产权归属，由产权所有者建立管护制度。

（一）建立城乡基础设施一体化规划机制

以市县域为整体，统筹规划城乡基础设施，统筹布局道路、供水、供电、信息、广播电视、防洪和垃圾污水处理等设施。统筹规划重要市政公用设施，推动向城市郊区乡村和规模较大中心镇延伸。推动城乡路网一体规划设计，畅通城乡交通运输连接，加快实现县乡村（户）道路联通、城乡道路客运一体化，完善道路安全防范措施。统筹规划城乡污染物收运处置体系，严防城市污染上山下乡，因地制宜统筹处理城乡垃圾污水，加快建立乡村生态环境保护和美丽乡村建设长效机制。加强城乡公共安全视频监控规划、建设和联网应用，统一技术规范、基础数据和数据开放标准。

（二）健全城乡基础设施一体化建设机制

明确乡村基础设施的公共产品定位，构建事权清晰、权责一致、中央支持、省级统筹、市县负责的城乡基础设施一体化建设机制。健全分级分类投入机制，对乡村道路、水利、渡口、公交和邮政等公益性强、经济性差的设施，建设投入以政府为主；对乡村供水、垃圾污水处理和农贸市场等有一定经济收益的设施，政府加大投入力度，积极引入社会资本，并引导农民投入；对乡村供电、电信和物流等经营性为主的设施，建设投入以企业为主。支持有条件的地方政府将城乡基础设施项目整体打包，实行一体化开发建设。

（三）建立城乡基础设施一体化管护机制

合理确定城乡基础设施统一管护运行模式，健全有利于基础设施长期发挥效益的体制机制。对城乡道路等公益性设施，管护和运行投入纳入一般公共财政预算。明确乡村基础设施产权归属，由产权所有者建立管护制度，落实管护责任。以政府购买服务等方式引入专业化企业，提高管护市场化程度。推进城市基础设施建设运营事业单位改革，建立独立核算、自主经营的企业化管理模式，更好行使城乡基础设施管护责任。

延伸阅读

1. 中共中央党史和文献研究院：《十八大以来重要文献选编》（下），中央文献出版社 2018 年版。

2. 林峰等：《乡村振兴战略规划与实施》，中国农业出版社 2018 年版。

3. 白雪秋、聂志红、黄俊立等：《乡村振兴与中国特色城乡融合发展》，国家行政学院出版社 2018 年版。

深度思考

1. 如何建立健全城乡融合发展体制机制和政策体系？

2. 如何在确保财政对乡村振兴投入不断增长的前提下，吸引更多金融资本和社会资本投入乡村振兴？

3. 如何加快城乡基础设施互联互通？

第九章

实现城乡基本公共服务均等化

改革开放以来，尽管我国城镇化进程不断加快，但我国仍然是一个农业大国，农村依然是各类矛盾最集中、最突出的地方。现阶段我国城乡差距不仅表现在经济发展水平和收入上，更反映在政府提供的基础教育、公共医疗、社会保障等基本公共服务上。城乡基本公共服务的差距引起了一系列的社会矛盾，阻碍了城乡一体化的进程，不利于实现城乡共同富裕。党的十八届三中全会明确提出，要推进城乡要素平等交换和公共资源均衡配置。农村公共服务是乡村发展的明显短板，实现城乡融合发展必须加快补齐这个短板。《中共中央 国务院关于建立健全城乡融合发展体制机制和政策体系的意见》明确指出："推动公共服务向农村延伸、社会事业向农村覆盖，健全全民覆盖、普惠共享、城乡一体的基本公共服务体系，推进城乡基本公共服务标准统一、制度并轨。"这不仅是破除城乡二元结构、实现一体化发展的一大创举，也是实现中华民族伟大复兴中国梦的必然要求。

一、城乡基本公共服务失衡现象尚未根本转变

近年来，尽管中央和各地方政府都加大了农村公共产品的供给力度，但城市与农村服务水平的差距在短时间内还难以缩小。城乡基本公共服务失衡主要体现在以下四个方面。

（一）城乡教育资源分配严重失衡

长期以来，农村一直是我国教育事业发展的短板。无论是在校园校舍、教学设施、仪器设备等硬件方面，还是在师资力量等软件方面，城市和乡村的差距都是相当明显的。农村教育经费投入严重不足，城乡教育资源分布差距较大，教育不公平的问题未能有效解决。近年来，农村辍学率、流失率有所反弹，部分农村地区实际完成初中教育的不足30%，如此多的孩子放弃初中教育，并不完全是由于经济原因。从教师资源的分配来看，由于工资待遇低、工作环境差等因素，农村青年教师的流失现象相当严重，这更加剧了城乡义务教育发展的不平衡。

知识链接

如何建立城乡教育资源均衡配置机制

《中共中央 国务院关于建立健全城乡融合发展体制机制和政策体系的意见》明确指出：“优先发展农村教育事业，建立以城带乡、整体推进、城乡一体、均衡发展的义务教育发展机制。鼓励省级政府建立统筹规划、统一选拔的乡村教师补充机制，为乡村学校输送优秀高校毕业生。推动教师资源向乡村倾斜，通过稳步提高待遇等措施增强乡村教师岗位吸引力。实行义务教育学校教师‘县管校聘’，推行县域内校长教师交流轮岗和城乡教育联合体模式。完善教育信息化发展机制，推动优质教育资源城乡共享。多渠道增加乡村普惠性学前教育资源，推行城乡义务教育学校标准化建设，加强寄宿制学校建设。”

（二）城乡医疗卫生资源配置不合理

改革开放以来，我国医疗卫生事业取得了长足发展，部分医院的医疗技术水平和服务能力已经迈入国际先进行列。然而，就是在这种情况下，还是存在着覆盖率低、城乡发展不平衡的矛盾。从总量上看，城乡差距突出表现在占总人口多数的农村人口仅享有少数的医疗卫生公共资源。农村地区不仅卫生资源总量不及城市，而且普遍存在医务人员业务水平低、医疗设施差等问题。据调查统计，乡镇卫生院卫生技术人员普遍存在学历低、职称低、技术低等“三低”现象。从政府对医疗机构的投入比重看，财政投入大多集中在城市医院，农村医疗机构得到的财政投入严重不足。

知识链接

如何健全乡村医疗卫生服务体系

《中共中央 国务院关于建立健全城乡融合发展体制机制和政策体系的意见》明确指出：“建立和完善相关政策制度，增加基层医务人员岗位吸引力，加强乡村医疗卫生人才队伍建设。改善乡镇卫生院和村卫生室条件，因地制宜建立完善医疗废物收集转运体系，提高慢性病、职业病、地方病和重大传染病防治能力，加强精神卫生工作，倡导优生优育。健全网络化服务运行机制，鼓励县医院与乡镇卫生院建立县域医共体，鼓励城市大医院与县医院建立对口帮扶、巡回医疗和远程医疗机制。全面建立分级诊疗制度，实行差别化医保支付政策。因地制宜建立完善全民健身服务体系。”

（三）城乡社会保障体系非均等化

《中共中央关于坚持和完善中国特色社会主义制度、推进国家治理体系和治理能力现代化若干重大问题的决定》指出了要“完善覆盖全民的社会保障体系”，要求“坚持应保尽保原则，健全统筹城乡、可持续的基本养老保险制度、基本医疗保险制度，稳步提高保障水平”“完善农村留守儿童和妇女、老年人关爱服务体系”。

目前，城镇以养老、医疗、失业、工伤、生育五大社会保险为主体的制度体系几经改革，日臻完善，而农村社会保障制度建设尚处于起步阶段，农村居民保障水平远低于城市居民。农村最低生活保障制度虽已建立，但从制度建设的角度看，仍存在着救济标准低、救济款项不能按时发放等许多不足。新型农村合作医疗虽然覆盖了绝大部分农民，在解决农民看病难、看病贵方面发挥了一定的积极作用，但从具体实施情况看，其受益面窄，报销率低，尚不能从根本上解决农民因病致贫、因病返贫的问题，一些农民被排斥在现有的医疗保障制度之外。

知识链接

如何完善城乡统一的社会保险制度、统筹城乡社会救助体系

《中共中央 国务院关于建立健全城乡融合发展体制机制和政策体系的意见》对“完善城乡统一的社会保险制度”作出明确要求：“完善统一的城乡居民基本医疗保险、大病保险和基本养老保险制度。巩固医保全国异地就医联网直接结算。建立完善城乡居民基本

养老保险待遇确定和基础养老金正常调整机制。做好社会保险关系转移接续工作，建立以国家政务服务平台为统一入口的社会保险公共服务平台。构建多层次农村养老保障体系，创新多元化照料服务模式。”

《中共中央 国务院关于建立健全城乡融合发展体制机制和政策体系的意见》对“统筹城乡社会救助体系”作出明确要求：“做好城乡社会救助兜底工作，织密兜牢困难群众基本生活安全网。推进低保制度城乡统筹，健全低保标准动态调整机制，确保动态管理下应保尽保。全面实施特困人员救助供养制度，提高托底保障能力和服务质量。做好困难农民重特大疾病救助工作。健全农村留守儿童和妇女、老年人关爱服务体系。健全困境儿童保障工作体系，完善残疾人福利制度和服务体系。改革人身损害赔偿制度，统一城乡居民赔偿标准。”

（四）城乡基本公共设施供给差距大

由于公共产品供给制度改革滞后，水、电、路、通信、学校、医院、图书馆等公共基础设施的供给，在城乡之间存在着较大差距。近年来，各城市的固定资产投入保持较快增长，普遍都是负债经营，存在很大的财政和金融风险。反观广大农村地区，由于受投资主体单一、投入力度不大、投入机制不健全等多重因素的制约，基础设施建设严重滞后，图书馆、体育馆、影剧院等公共文化设施主要集中在城市，农村文化设施建设相对薄弱，普遍存在基础差、设施落后的问题，极大地影响了农村经济社会的健康发展和农民收入的大幅提高。

二、城乡基本公共服务非均等化的原因

城乡经济发展的巨大差距、资源配置不平等、公共服务政策和规则不平等等制度性不平等因素是导致城乡基本公共服务非均等化的现实原因；而政府公共财政投入明显倾向于城市、投入机制不健全等因素则直接导致了城乡公共服务的非均等化。

（一）城乡经济发展不平衡

经济基础决定上层建筑，不同的经济水平和结构决定着基本公共服务的层次与结构；而上层建筑又反过来作用于经济基础，基本公共服务的发达必然推动经济和社会的迅速发展，基本公共服务的落后必然会对经济发展和社会进步起到制约作用。近年来城乡经济发展的差距越来越突出，城市经济以现代化的大工业生产为主，生产力较发达，因而经济、社会发展快，产业梯度也较高；而农村以典型的小农经济为主，生产力则相对落后，经济、社会发展速度也相对滞后，产业梯度也较低。经济发展的总体水平较低直接影响到农村基本公共服务发展的速度和水平，同时直接影响到农村基本公共服务的需求程度，而对基本公共服务的需求程度又往往是基本公共服务发展的深层次动力。主要体现在下面三个方面。

1. 城乡发展不平衡

虽然我国城镇化水平逐年提高，城乡一体化发展全面推进，但是在构建新型城乡关系、推进城乡融合发展中仍存在一些突出问题，表现为：城乡经济发展差距仍然较大，县域经济发展仍然不足；城乡要素配置仍然不均衡，要素从农村单向流向城镇的趋势明显；城乡公共服务发展不

平衡，农村公共服务能力亟待提升；城乡二元结构弊端仍然存在，户籍制度和土地制度仍需完善。

2. 区域发展不平衡

随着各项区域发展战略的实施，我国区域发展差距有所缩小。但是，区域发展不平衡、不协调、不可持续的格局尚未得到根本改变，区域发展差距依然较大，欠发达地区与发达地区在经济总量指标和人均指标上均存在差距，要实现追赶跨越还需要较长时间；区域交流合作与协同发展机制尚不完善，各区域间和区域内部产业同构、重复建设、分工不合理等问题较为突出；区域生产力布局与环境保护和生态建设融合发展程度不高，区域发展所面临的资源环境约束压力增大，区域发展与生态环境保护的矛盾日益突出。

3. 结构不平衡

一系列调整结构的措施，推动了我国产业结构、投资消费结构和收入分配结构等的优化和完善。但是，收入分配结构仍然存在不平衡、不合理的问题，劳动报酬在初次分配中的比重仍需提高，初次分配中的不合理、不合法现象亟待规范；税收等措施对收入再分配的调节力度仍需强化，居民收入和经济增长不同步的压力仍然较大；城乡、地区、行业之间收入差距较大等问题仍然存在，公平、合理的收入分配格局亟待健全；低收入群体长期存在，中等收入群体仍需扩大，脱贫攻坚任务艰巨，跨越“中等收入陷阱”任重道远。

（二）制度性不平等

制度性不平等主要表现为城乡基本公共服务资源配置不平等、公共服务政策和规则不平等。在我国社会主义初级阶段，公共服务需求不断增长，公共服务资源相对短缺。有限的公共服务资源与庞大的公共服务需求之间的矛盾、公共服务的公平性原则与公共服务资源的不平衡分布之间的矛盾，在一定程度上阻碍了我国公共服务发展的步伐。

城乡居民权利的不平等。所谓“三农”问题，就是指农业、农村、农民这三个问题，其核心是农民问题，确切地说是农民的权利问题。之所以这么讲，主要源于以下考虑：马克思曾经指出：“人的本质并不是单个人所固有的抽象物。在其现实性上，它是一切社会关系的总和。”这也就是说在探讨人类社会的各种问题时，必须从社会关系层面着手，而权利是对社会关系的规范和界定，自然应当成为我们研究的切入点。

（三）公共财政投入机制不健全

改革开放 40 多年来，我国已经由以解决温饱为主要任务的生存型社会向以促进人的全面发展为目标的发展型社会过渡。经济的快速增长带来了国家综合实力的逐步增强，财政收入规模的迅速扩大。近年来我国进一步加快基本公共服务体系建设，大幅度增加公共服务财政投入。但由于我国长期以来的城乡分割的二元经济社会体制和政策，使得城乡公共服务供给体制没有得到根本性的转变，我国基本公共服务占财政支出的比重依然偏低，相比西方发达国家还有很大的差距。在公共财政投入结构中困难最多的是乡镇财政，许多村无集体收益，社会保障压力大，农村公共产品的供给主要是依靠农民自己而不是依靠公共财政，直接导致在城乡一体化进程中城乡居民在基本权利和发展机会上严重不均，也形成了城乡经济社会的结构错位失衡。

典型案例

蚌埠市五河县创新公共服务供给模式 提高政府服务水平

2015年，安徽省蚌埠市五河县建立政府购买服务制度体系，以政府购买服务方式实施包括贫困残疾人救助与康复、农村清洁工程等16项21个民生工程子项目，累计筹集资金9079万元。

“通过实施民生工程政府购买服务，引入市场机制，采取市场化方式，加强项目实施和民生工程建后管养，降低了政府运行成本，提升了政府服务水平。加速了公共服务从‘政府配餐’向‘百姓点餐’的转变，初步建立了政府主导、社会参与的公共服务供给体系。”五河县民生办相关负责人表示，在部门申报的基础上，结合指导目录、政府职能转移、当年预算项目等重大改革，经各级政府研究同意，主要采取公开招标、邀请招标、竞争性谈判、单一询价、委托、承包等购买方式。

按照“谁受益、谁负担”原则，五河县通过购买主体部门预算安排的公用经费、民生工程项目建设资金、县乡财政预算安排、引导社会资金等方式筹集民生工程政府购买服务资金，全县共筹集民生工程购买服务经费9079万元，支出7717万元。16项21个子项目涵盖了贫困残疾人救助与康复、就业促进工程、基本公共卫生服务、农村文化建设专项补助、农村清洁工程、农村公路“村村通”工程、农村“五保”供养服务机构、城乡居民大病保险等民生工程建后管养方面。

政府购买公共服务就是指政府将原来由政府直接举办的，为社会发展和人民生活提供服务的事项交给有资质的社会组织来完成，并根据社会组织提供服务的数量和质量，按照一定的标准进行评估后支付服务费用，是一种“政府承担、定项委托、合同管理、评估兑现”的新型政府购买公共服务方式。

（来源：中安在线 2015 年 9 月 21 日）

三、实现城乡基本公共服务均等化的路径选择

城乡公共服务均等化不应是一个理想模式，而应是一个基本要求。但要想成功实现这一目标，还有很长一段路要走。各级政府必须切实担起责任，采取更加有力的举措，最根本的还是要从制度层面进行顶层设计和系统改革。

（一）研究制定城乡一体化发展的基本公共服务规划体系

适应城乡发展的要求，研究制定适合本地区的基本公共服务规划体系，切实缩小不同地区之间和不同人群之间的基本公共服务差距。在城市发展的空间布局上，加强基本公共服务对人口集聚和吸纳能力的支撑，使基本公共服务设施布局、供给规模与人口分布相适应，统筹区域空间资源和土地配置，合理确定区域的空间架构和功能布局。结合农业、工业、服务业的产业布局等规划，编制城乡基本公共服务均等化战略规划，统筹考虑长期在城市就业生活的农民工群体的基本公共服务需求，建立将农民工群体纳入全体公民的城乡统一的城市公共服务体系，制定城乡基本公共服务的标准，对基本公共服务的程序和标准以及服务质量作出明确的要求，明确统一城乡基本公共服务制度的实施路径和阶段任务。

加大公共资源向农村倾斜的力度，公共财政在基本公共服务上的支出优先保证和支持农村，鼓励和引导城市优质公共服务资源向农村延伸，充分利用信息技术手段提高城乡共享基本公共服务的水平。

（二）建立健全城乡基本公共服务均等化的机制

建立城乡统一的义务教育体制，进一步明确各级政府在农村义务教育方面的支出责任，把原来的学杂费规范地转换为中央、省、市、县的政府投入，通过中央和省级政府进一步追加经费，逐步缩小城乡义务教育办学条件之间和教育质量之间的差距，推动城乡义务教育一体化发展。协调城乡公共医疗卫生事业的发展，逐步建立农村公共卫生经费保障机制，加快建立和推广新型农村合作医疗制度，保障农民享有卫生保健和基本医疗服务。逐步建立城乡可衔接的农村社会保障体系，特别要妥善解决失地农民和进城农民工的社会保障问题，着力推进农村“五保”供养、特困户救助等制度建设，积极探索建立符合农村特点的养老保障制度。统筹城乡基础设施建设，将农村基础设施建设纳入国家长期发展规划，加快公共基础设施建设向农村延伸，公共服务向农村覆盖，不断改善农民的生产生活条件。

知识链接

农村基础设施建设

农村基础设施是指为发展农村生产和保证农民生活而提供的公共服务设施的总称。包括交通邮电、农田水利、供水供电、商业服务、园林绿化、教育、文化、卫生事业等生产和生活服务设施。它们是农村中各项事业发展的基础，也是农村经济系统的一个重要组成部分，应该与农村经济的发展相互协调。

（三）深化财政体制改革，完善公共财政制度

建立以公共事业为导向的公共财政支出体系，优化财政支出结构，健全财政支农资金稳定增长机制，使更多财政资金投向农村公共服务领域。同时，将过去乡镇预算外资金、自筹资金和统筹资金全部纳入乡镇财政管理，增强乡镇财政能力。深化农村金融改革，建立多层次、广覆盖、可持续的农村金融支撑体系，逐步扩大农村基础设施建设和公共事业发展的稳定资金来源。完善政府间转移支付机制，着重将财政转移支付资金向落后地区、农村基层倾斜，增强基层政府提供基本公共服务的能力。应根据公共产品的公益性范围，划分各级政府的职责、权力，调整中央与地方各级政府的财权分配格局，增强政府宏观调控能力，优化政府财力资源配置。

专家观点

为乡村振兴提供有力金融支撑

党的十九大提出实施乡村振兴战略，在新时代背景下具有重大现实意义，将会为我国“三农”发展注入强大的动力。金融是现代经济的核心，为实体经济服务是金融的本源和宗旨。在大力推进乡村振兴战略的过程中，离不开农村金融的强有力支撑作用。

农村金融要在乡村振兴战略中承担历史使命、发挥更好的作

用，需要构建三大支撑体系：一是站在服务乡村振兴战略的高度，做好农村金融发展的顶层设计，明确不同类型涉农金融机构支持乡村振兴的功能和定位，构建一个功能互补、竞争有效、分工有序的农村金融组织体系；二是针对乡村振兴中市场主体需求的多样性，借助大数据、云计算、人工智能等现代技术手段，构建一个多层次、多元化、可负担的农村金融产品和服务体系；三是针对乡村振兴不同于城市发展的差异性，构建一个差别化、激励性、可持续的农村金融政策体系。

党的十九大提出实施乡村振兴战略，使得农村金融发展有了新的方向和着力点。作为研究农村金融的高校教师，唯有在农村金融领域不断耕耘和探索，才能不辜负、无愧于这个伟大的新时代。

——湖南大学金融与统计学院教授 王修华

（四）创新多元化的公共服务供给模式

在公共服务供给方式上要转变思想，创新机制，坚持政府主导，充分调动社会资源，逐步形成有序竞争和多元参与的基本公共服务供给机制，提高服务效率，扩大其他主体参与，最大限度地调动各方面的积极性。充分利用债券、信贷等多种融资形式，拓宽基本公共服务资金来源。鼓励和引导社会资本投资建立非营利性公益服务机构，探索公共服务项目经营权转让机制和民间投资公共服务的财政资助机制，更多地采取直接补需方的方式，增强公民享受服务的选择权和灵活性。积极采取政府采购、合约出租、特许经营、政府参股等形式扩大政府择优购买公共服务的规模，提供基本公共服务的民办机构，在设立条件、资质认定、职业资格与职称评定等方面与事业单位享有平等待遇。

延伸阅读

1. 中共中央文献研究室：《习近平关于社会主义社会建设论述摘编》，中央文献出版社 2017 年版。

2. 魏后凯、闫坤：《中国农村发展报告（2018）：新时代乡村全面振兴之路》，中国社会科学出版社 2018 年版。

3. 吴维海：《新时代乡村振兴战略规划与案例》，中国金融出版社 2018 年版。

深度思考

1. 城市与农村服务水平的差距主要体现在哪几个方面？

2. 城乡基本公共服务非均等化的原因何在？

3. 实现城乡基本公共服务均等化的路径选择是什么？

后 记

党的十九大提出实施乡村振兴战略，要求按照“产业兴旺、生态宜居、乡风文明、治理有效、生活富裕”的总要求，加快推进农业农村现代化。在本书初稿完成之际，正值中共中央、国务院出台 2019 年中央一号文件。文件继续聚焦农业、农村和农民，提出了“坚持农业农村优先发展总方针”，特别是提出“巩固和完善农村基本经营制度。坚持家庭经营基础性地位，赋予双层经营体制新的内涵。突出抓好家庭农场和农民合作社两类新型农业经营主体，启动家庭农场培育计划，开展农民合作社规范提升行动，深入推进示范合作社建设，建立健全支持家庭农场、农民合作社发展的政策体系和管理制度”。“深化农村土地制度改革。保持农村土地承包关系稳定并长久不变，研究出台配套政策，指导各地明确第二轮土地承包到期后延包的具体办法，确保政策衔接平稳过渡。完善落实集体所有权、稳定农户承包权、放活土地经营权的法律法规和政策体系。”这些都为本书的编写提供了基本遵循。

本书的编写和出版，得益于中共中央党史和文献研究院相关领导以及学界多位专家的大力支持。同时，编者参考并借鉴了相关论著的研究成果，在此深表谢意。当然，因时间紧张，编者水平有限，本书仍存在许多不完善、不严密之处，疏漏、错误在所难免，欢迎广大读者批评指正。

崔友平

2019 年 11 月